王国维：暗夜里，做个君王

【大师开讲】

薛玉楠 编著

全国百佳图书出版单位
时代出版传媒股份有限公司
黄山书社

图书在版编目（CIP）数据

大师开讲·王国维：暗夜里，做个君王 / 薛玉楠编著．-- 合肥：黄山书社，2014.5
ISBN 978-7-5461-4446-7

Ⅰ．①大… Ⅱ．①薛… Ⅲ．①王国维（1877 ~ 1927）－语录 Ⅳ．① K811

中国版本图书馆 CIP 数据核字（2014）第 076938 号

DASHI KAIJIANG·WANG GUOWEI AN YE LI ZUO GE JUNWANG
大师开讲·王国维：暗夜里，做个君王 薛玉楠 编著

出 品 人 任耕耘
选题策划 任耕耘 杨 雯
责任编辑 秦矿玲
特约编辑 李晓阳 赵迪秋
装帧设计 齐 娜
出版发行 时代出版传媒股份有限公司（http：//www.press-mart.com）
黄山书社（http：//www.hspress.cn）
地址邮编 安徽省合肥市蜀山区翡翠路 1118 号出版传媒广场 7 层 230071
印　　刷 安徽国文彩印有限公司
版　　次 2015 年 6 月第 1 版
印　　次 2015 年 6 月第 1 次印刷
开　　本 880mm×1230mm 1/32
字　　数 130 千
印　　张 8.25
书　　号 ISBN 978-7-5461-4446-7
定　　价 28.00 元

服务热线 0551-63533706
销售热线 0551-63533761
官方直营书店（http://hsssbook.taobao.com）

目录

直达性命精微处（代序）

王国维（1877—1927），字静安、伯隅，号礼堂、观堂等，浙江海宁人。王氏治学，兼善中西。西学方面，他对叔本华、尼采、康德有着深刻研究，并将西学与中学相互比附，互相阐发，如其《〈红楼梦〉评论》，即是引用叔本华之悲剧观念对中国古典四大名著《红楼梦》的解读。其观点新颖别致，于国学之外另辟蹊径，新人耳目。国学方面，其研究领域主要集中在文学与戏曲史、甲骨文与殷周史、敦煌文献与西北出土简牍、西北史地与蒙元史等方面。其知识博约，学养深厚，又兼用西方治学之新观点、新方法，可谓汪洋恣肆、著作等身。王氏于学术上之成就，巍然丰碑自不待言，而其于人性、自我等人之内在精神世界的灵性探索，能“直达性命精微处”（张芙川《异书解》手跋，见王国维《传书堂藏善本书志》卷下），亦是王氏贻赠后人之财富。

王氏于精神世界之探求，既学术探索之使然，亦暗含自身之际遇。其《论性》《释理》《叔本华之哲学及其教育学说》《〈红楼梦〉评论》《人间词话》《叔本华与尼采》等作，披寻东西典籍，于人性、情感、意志、欲望、理性、道德，无不涉足，可谓灵性之萃聚、精神之盛筵。此为其学术探索之使然。其余，如家信、与友人书、日记、诗文、书跋，其个人内心之苦闷、生事之艰难、家庭之琐事、子女之亲情、朋友之友谊，兼及人生浮萍之聚散、书籍零落之感叹，立等可见。又如《曲录》《优语录》《二牖轩随录》《阅古漫录》《蒙鞑备录笺证》《水经注校注》等，多为王氏辑录、疏证、校注之作，然其于文字、史料、观点之择取，亦有个人好恶之取舍。这诚如其《〈红楼梦〉评论》中所说“沧桑巨变，目击之而身历之”，故其文字不过是“借他人酒杯，浇胸中块垒”而已。其于忠孝友悌、故乡、言语、德行、习惯、理想之人格、美术之价值、人与自然之谐和等，亦多所阐述，以使人去恶为善，以成君子，以立于天地之间。此者暗含了王氏自身之际遇。

王氏于性命精微处之探寻，意长笺短，不能尽言，试略举一二。其一，亲子之情。王潜明，王氏长子。王氏与其通信数量之多仅次于罗振玉。后潜明以病卒，王氏《致马衡》云“亡儿之病……总之，运数如此，无可说也”，足见心中甚是悲戚。罗振玉女为潜明妻。潜明逝世后，其工作单位发有遗款，王氏欲将钱款归振玉女，其女不受。为此，王氏与罗振玉往来书信辩驳。可见，其亲子之情不独爱己出，亦兼爱他人。其二，生事维艰。王氏与友人书中，对生计之事亦颇关注。其《致许家惺》云：“米价其昂，小民万难度日，海宁幸蚕尚熟，或者稍可支持。”其《致缪荃孙》云：“维在此间生计尚无把握，叩尽囊底足支一年，此后不知如何。”其《自序》云：“进无师友之助，退有生事之累。”生计之事，始终是王氏不得不面临的问题。王氏《咏史》云：“自来夸毗子，焉知生事难。……文章诚无用，用亦未为贤。”王氏以治学为业，然文章无用，书生焉能奈何！其三，人生浮萍之叹。其《水经注笺跋》云：“交游之聚散，人事之盛衰，书籍之流转，已不胜今昔之感。”其《致狩野直喜》云：“一别四五年，师友皆入老境，而维亦至中年，死生聚散之感往往有之。”春去秋来，光阴荏苒，人世浮萍又岂是王氏一人之际遇！其四，理想之幻灭。王氏兼治中西，然犹推崇中学。其《致罗振玉》云：“时局如此，乃西人数百年讲求富强之结果，恐我辈之言将验。若世界人民将来尚有孑遗，则非采用东方之道德及政治不可也。”其《致狩野直喜》云：“然西方数百年功利之弊非是不足一扫荡，东方道德政治或将大行于天下，此不足为浅见者道也。”由此足见王氏寄中学以复兴的信念。然清帝逊位、中学蒙尘，王氏亦于 1927 年 6 月自沉于颐和园昆明湖。其《教育小言十则》云：“至自杀之事，吾人姑不论其善恶如何，但自心理学上观之，则非力不足以副其志而入于绝望之域，必其意志之力不能制其一时之感情而后出此也。而意志薄弱之社会，反以美名加之。吾人虽不欲科以杀人之罪，其可得乎？”王氏鄙薄自杀，奈何亲身履践？有人云，王氏死于中学之衰亡；有人云，王氏死于儿女亲家之事。若前者，则死于信仰；若后者，则死于生事。信仰与生事，亦理想与现实乎？陈寅恪谓王氏有“独立之精神，自由之思想”（1929 年，陈寅恪为王国维纪念碑所撰碑文）。王氏经丧子之痛，又荷生事之累，历人生之聚散，又兼理想与现实之冲突，果能“独立”“自由”乎！王氏《偶成二首》云：“蝉蜕人间世，兀然入泥洹。此语闻之昔，践之良独难。”其《六月二十七日宿硖石》云：“人生过处唯存悔，知识增时只益疑。”其《来日》云：“人生一大梦，未审觉何时。”故其文字之事业，不过是“以生活为炉，苦痛为炭，而铸其解脱之鼎”（《〈红楼梦〉评论》）。

本书分为四个章节：“人性与自我”“家庭与教育”“他人与社会”“自然与艺术”。《礼记·大学》云：“古之欲明明德于天下者，先治其国；欲治其国者，先齐其家；欲齐其家者，先修其身。”修身、齐家、治国，对应前三个部分；自然与艺术可称人生救赎之道，为第四部分。

编者观王氏其人、其书、其学养、其际遇，不胜唏嘘。王氏虽为一大学者，亦为我辈凡人。斯人已逝，其精神寓于版牍间，读者诸君若能于其中得其一二，亦是人生一大幸事。

第一章

人性与自我

西方古典哲学言主客二分，主体即人，客体即社会及自然界，哲学即主客体关系之探讨。近代以降，尤其是奥地利精神分析学家弗洛伊德“精神分析理论”对人内在世界的揭示，使人得以窥见“内在的人”，人心遂成为欲望、意志、情感、道德、动机、理性诸种力量互搏之战场。于是，人如何与自我相处，便成为人生的第一关键事。无独有偶，中国古人对人心之探索，亦未中断。王氏通中西之学，于此，多有发见。其论人性，有性善、性恶、性兼善恶、性无善恶之说；其论理、德之关系，既不主张“德胜于理”，也不主张“理胜于德”，而是兼采柏拉图及斯多噶派之学说，主张理、德互为“税驾”。其余，诸如意志、欲望、动机之论，于叔本华、尼采、康德之学说，多所采集。以上多论人之总体，即人性大我与个人之关系。其于人与小我之关系，诸如人如何看待有与无、现在与将来、内在与外在、得到与舍弃，亦多有论述。王氏文字，为人如何与大我、小我之相处，人如何与自我相处，提供了可资借鉴的路径。《论语》云：“吾日三省吾身。”当你关上心门和自我交谈时，希望你能于喧闹处，或静默处，返诸自身，达至心灵的平和。

性善论

至汉而《淮南子》奉老子之说，而唱性善论……又曰："人之性无邪，久湛于俗则易。易则忘本，合于若性。故日月欲明，浮云盖之；河水欲清，沙石灭之。人性欲平，嗜欲害之。"（《齐俗训》）（《论性》）

奥地利小说家弗兰茨·卡夫卡在日记中写道："我要么就期待着自己从地球上消亡，要么就必须像一个小孩子那样从头开始。"小孩子是我们人生的"赤子"阶段，那时，我们拥有一颗纯洁无瑕的心。而后，我们成长，试图穿越尘世，却终于惹来满身尘埃。这尘埃，来于自我的欲望，也来于他人的熏染。《孟子·离娄下》："大人者，不失其赤子之心者也。"只有那些不忘初心的人，才能永葆人性之善，才能纯净地来、纯净地去。也许，从出生到死亡，我们需要的不是长大，而是永远像婴儿般纯善。

性恶论

至荀子反对孟子之说而唱性恶论，曰礼仪法度“是生于圣人之伪，非故生于人之性也。若夫目好色、耳好声、口好味、心好利、骨体肤理好愉佚，是皆生于人之情性者也。感而自然，不待事而后生之者也。夫感而不能然，必且待事而后然者，谓之生于伪，是性伪之所生，其不同之征也。故圣人化性而起伪”。……彼说礼之所由起，曰：“人生而有欲，欲而不得则不能无求，求而无度量分界则争，争则乱，乱则穷。先王恶其乱也，故制礼仪以分之，以养人之欲，给人以求，此礼之所由起也。”（《礼论篇》）（《论性》）

荀子持“性恶论”，缘于人有口腹之欲，伤会哭喊，痛会流泪，喜悦便展露笑颜，得意就满心快乐。鲁迅《伤逝》写道：“人必生活着，爱才有所附丽。”意思是说，人必须在满足物质生存之后，才能追求梦想和信仰。然而，人为生存而进行的斗争是如此残酷，恰如法国诗人波德莱尔《人与海》中所说：“你们不怜悯，不悔恨，斗狠争强，你们那样地喜欢残杀和死亡。”身处这人海的搏斗中，我们无法相互责备，因为我们伤害对方，也被对方伤害。然而，我们终会找到和解的途径：“先王恶其乱也，故制礼仪以分之，以养人之欲，给人以求。”（《荀子·礼论篇》）只有人人困欲望之野兽于法律和道德之牢笼，我们才能安然地在尘世行走。

性兼善、恶

同时董仲舒亦论人性，曰："……故性比于禾，善比于米。米出禾中，而禾未可全为米也；善出性中，而性未可全为善也。善与米，人之所继天而成于外，非在天之所为之内也。"（《春秋繁露·深察名号篇》）（《论性》）

在我们每个人身上，都有着或显或隐的脆弱，善与恶的攻伐。我们既不是纯粹的好人，也不是绝对的坏人。兼有善、恶，才是我们真正的本质。东汉班固《汉书·东方朔传》曰："水至清则无鱼，人至察则无徒。"所以，不要用完美苛求别人，不要用出世的理念测度入世的凡夫俗子。上帝容许我们拥有一颗纯洁、善良的心，也宽恕我们的哭泣和偶尔的贪求。卡夫卡在《致艾莉·赫尔曼》中写道："一个将会成为人的孩子应该尽可能从他表现出的兽性，从纯粹的动物状态中摆脱出来。"我们虽然不能达到纯善的境界，但至少要一直行走在除恶扬善的道路上。

性无善恶

同时苏轼亦批评韩愈之说，而唱超绝的一元论……其《扬雄论》曰："……人生而莫不有饥寒之患，牝牡之欲。今告于人曰：饥则食，渴则饮，男女之欲，不出于人之性也，可乎？是天下知其不可也。圣人无是，无由以为圣；而小人无是，无由以为恶。圣人以其喜、怒、哀、惧、爱、恶、欲七者御之而之乎善，小人以是七者御之而之乎恶。由是观之，善恶者，性之所能之，而非性之所能有也。且夫言性，又安以其善恶为哉？虽然，扬雄之论，则固已近之，曰：'人之性，善恶混。修其善则为善人，修其恶则为恶人。'此其所以为异者。唯其不知性之不能以有善恶，而以为善恶之皆出于性而已。"（《论性》）

而性如水然，气则盛水之器也。故曰："水皆清也，以净器盛之则清，以不净器盛之则臭，以淤泥之器盛之则浊。"（《语类》卷四）（《论性》）

告子本孔子之人性论，而曰：“生之谓性，性无善无不善也。”又曰：“性犹湍水也，决诸东方则东流，决诸西方则西流。”（《论性》）

性犹湍水，流注东西，随物赋形。流注大海，则有大海之气魄；流注沟壑，则有沟壑之格局。水无善恶，善恶在于水之灌注。人性亦无善恶，善恶在于人心之用。“圣人以其喜、怒、哀、惧、爱、恶、欲七者御之而之乎善，小人以是七者御之而之乎恶”，善恶全在举手投足之间，全在一念之间。为善即是善，为恶即是恶。做一个好人，还是做一个坏人，仅仅取决于我们自己。

性情一也

至宋之王安石，复绍述告子之说，其《性情论》曰：“性情，一也。七情之未发于外，而存于心者，性也。七情之发于外者，情也。性者，情之本；情者，性之用也。故性情一也。”又曰：“君子之所以为君子者，无非情；小人之所以为小人者，无非情。情而当于理，则圣贤也；不当于理，则小人也。”（《论性》）

人禀血气而生，有肉体和精神，有性情和灵魂，凡夫、圣人概莫能外。性情即人，好的性情滋养人，坏的性情败坏人。消灭性情，就是消灭人本身。我们所要做的，仅仅是把性情之水灌注于理性和道德的器皿内。养成好的性情，享受好的性情，才有好的人生。

私与蔽

朱子亦屡言“人欲所蔽”，皆以为无欲则无蔽，非《中庸》“虽愚必明”之道也。有生而愚者，虽无欲亦愚也。凡出于欲，无非相生相养之事。欲之失，为私不为蔽。……私生于欲之失，蔽生于知之失。（《孟子字义疏证》卷上）（《国朝汉学派戴阮二家之哲学说》）

然由戴氏之说推之，则必欲之失根于知之失而后可，必私与蔽相因而后可。（《国朝汉学派戴阮二家之哲学说》）

清戴震《孟子字义疏证》释朱熹言“人欲所蔽”，其一解为，人之“蔽”非由于人有“欲”，则由于“欲之失为私”。人有七情六欲乃为人之根本，亦为人之权利。因人欲常失于私而责备人有欲望，是“因私而咎欲”。

其二解为，人之“蔽”，其根本在于“知之失”，这与佛家以“无明”为烦恼之根源同。责人贪吃，不责“吃”而责“贪”，责人多眠，不责“眠”而责“多”，方为中的；责人贵在去“知之失”，对事不对人，使其知理错优于知事错。不独责人，他事亦然。

什么是天理

又曰：“欲不流于私则仁，不溺而为慝则义，情发而中节则和，如是之谓天理。……”（《答彭进士书》）（《国朝汉学派戴阮二家之哲学说》）

仁，不流于私，背私则为公；义，不溺于慝，“慝”，奸邪也，背慝则为善；和，情发而中节，中节则合德，此之谓天理。一个人，要大公无私，要为善去恶，要情性合乎道德，这才是天垂范于人的生活。

成全别人，成全自己

问：古人之言天理，何谓也？曰：理也者，情之不爽失也，未有情不得而理得者也。凡有所施于人，反躬而静思之：人以此施于我，能受之乎？凡有所责于人，反躬而静思之：人以此责于我，能尽之乎？以我絜之人则理明。天理云者，言乎自然之分理也；自然之分理，以我之情絜人之情，而无不得其平是也。……（《孟子字义疏证》卷上）（《国朝汉学派戴阮二家之哲学说》）

圣人教之反躬，以己之加于人，设人如是加于己，而思躬受之情。（《孟子字义疏证》卷上）（《国朝汉学派戴阮二家之哲学说》）

《挥尘录》：毋昭裔贫贱时，尝借《文选》于交游间，其人有难色，发愤曰："异日若贵，当版以镂之，以遗学者。"后仕蜀相，遂践其言。（《五代两宋监本考》卷上）

有时候，我们是否双手泥污，却责备别人不净；我们是否口出污言，却责备别人蛮横！《圣经·马太福音》说：“为什么你只看见你兄弟眼中的刺，而不想想你眼中的梁木呢？”

反躬，就是由人及己、由己及人。人所欲之，亦我所欲者；我所不欲者，亦人所不欲者。成全别人和成全自己，并无二致，此之谓天理。

稍微拒绝一下自己的欲望

苟可以主张我生活之欲者，则虽牺牲他人之生活之欲以达之，而不之恤，斯之谓“过”。其甚者，无此利己之目的，而唯以他人之苦痛为自己之快乐，斯为之“恶”。

若一旦超越此个物化之原理，而认人与己皆此同一之意志，知己所弗欲者，人亦弗欲之。各主张其生活之欲，而不相侵害，于是有正义之德。更进而以他人之快乐为己之快乐，他人之苦痛为己之苦痛，于是有博爱之德。于正义之德中，己之生活之欲已加以限制。至博爱，则其限制又加甚焉。故善恶之别，全视拒绝生活之欲之程度以为断。

其但主张自己之生活之欲，而拒绝他人之生活之欲者，是为“过”与“恶”；主张自己，亦不拒绝他人者，谓之“正义”；稍拒绝自己之欲，以主张他人者，谓之“博爱”。

然世界之根本，以存于生活之欲之故，故以苦痛与罪恶充之。而在主张生活之欲以上者，无往而非罪恶。故最高之善，存于灭绝自己生活之欲，且使一切生物皆灭绝此欲，而同入于涅槃之境。此叔氏伦理学上最高之理想也。（《叔本华之哲学及其教育学说》）

《论语》云：“己所不欲，勿施于人。”《圣经·马太福音》亦云：“无论何事，你们愿意人怎样待你们，你们也要怎样待人，因为这就是律法和先知的道理。”

人与动物的区别

夫吾人之知识，分为二种：一、直观的知识；二、概念的知识也。直观的知识，自吾人之感性及悟性得之；而概念之知识，则理性之作用也。直观的知识，人与动物共之；概念之知识，则唯人类所独有。古人所以称人类为“理性的动物”或“合理的动物”者，为此故也。人之所以异于动物，而其势力与忧患且百倍之者，全由于此。动物生活于现在，人则亦生活于过去及未来。动物但求偿其一时之欲，人则为十年百年之计。动物之动作由一时之感觉决定之，人之动作则决之于抽象的概念。夫然，故彼之动作，从豫定之计画而不为外界所动，不为一时之利害所摇，彼张目敛手，而为死后之预备；彼藏其心于不可测度之地，而持之以归于丘墓，且对种种之动机而选择之者，亦唯人为能。（《释理》）

盖人类以有概念之知识，故有动物所不能者之利益，而亦陷于动物不能陷之误谬。（《释理》）

有时候，我们羡慕一只小兽在夜里的安眠；有时候，我们怜悯一只小兽被屠戮时的绝望。人与动物，谁更值得羡慕？对此，我们似乎找不到纯粹的答案。人因理性高于动物，亦因理性低于动物。理性，善用之，则人高于动物；恶用之，则人低于动物。我们因自然的赋予而得到，也因自然的赋予而失去。只有高贵的生灵，才能操纵自己的命运！

人心是动机的战场

若以理由言，则伦理学之理由，所谓动机是也。一切行为，无不有一物焉为之机括，此机括或为具体的直观，或为抽象的概念，而其为此行为之理由则一也。由动机之正否，而行为有善恶。故动机，虚位也，非定名也。善亦一动机，恶亦一动机。（《释理》）

吾人之心，动机之战场耳；吾人之行为，动机之傀儡耳。（《教育偶感四则》）

动机是善恶的晴雨表。行为和动机往往并不一致，只有恶的动机才值得憎恨。我们憎恨的不是行为，而是动机。有时候，失于无心的伤害，不是恶；有时候，有心的恶带来的益处，亦不是善。对于善恶，要透过行为用心深味。

动机与品性

即吾人有所与之品性，对所与之动机，必有所与之动作随之。若吾人对所与之动机，而欲不为之动乎？抑动矣，而欲自异于所与之动作乎？是犹却走而恶影，击鼓而欲其作金声也，必不可得之数也。盖动机律之决定吾人之动作也，与因果律之决定物理界之现象无异，此普遍之法则也，必然之秩序也。故同一之品性对同一之动机，必不能不为同一之动作。故吾人之动作，不过品性与动机二者感应之结果而已。（《叔本华之哲学及其教育学说》）

《论语·雍也》："智者乐水，仁者乐山。智者动，仁者静。智者乐，仁者寿。"山水之乐，缘于内心仁智之别。仁智即品性，品性即人生。品性彰显于举手投足之间，与品性善良的人交往，常如沐春风；与品性恶劣的人交往，常如坐针毡。养成好的品性，就是在内心遍植鲜花、绿树，待其生根发芽，便收获一个春天。

天理是一种伦理

然理性者，知力之一种，故理性之作用，但关于真伪，而不关于善恶。……朱子曰：“有个天理，便有个人欲。盖缘这个天理，须有个安顿处，才安顿得不恰好，便有人欲出来。”又曰：“天理人欲，分数有多少。天理本多，人欲也便是天理里面做出来。虽是人欲，人欲中自有天理。”戴东原氏之意与朱子同，而颠倒其次序而言之曰：“理也者，情之不爽失也。”又曰：“天理云者，言乎自然之分理也。自然之分理，以我之情，絜人之情，而无不得其平是也。”朱子所谓“安顿得好”，与戴氏所谓“絜人之情，而无不得其平”者，则其视理也，殆以“义”字、“正”字、“恕”字解之。于是“理”之一语，又有伦理学上之价值。其所异者，唯朱子以理为人所本有，而安顿之不恰好者，则谓之欲；戴氏以欲为人所本有，而安顿之使无爽失者理也。其在西洋之伦理学中亦然。柏拉图分人性为三品：一曰嗜欲，二曰血气，三曰理性。而以节制嗜欲与血气而成克己与勇毅二德为理性之任，谓理性者，知识与道德所

税驾之地也。厥后斯多噶派亦以人性有理性及感性之二原质，而德之为物，只在依理而克欲。（《释理》）

戴东原“理也者，情之不爽失也”，是“理”“安顿得好”；斯多噶派“德之为物，只在依理而克欲”，是“德”“安顿得好”。理性与道德，实在缺一不可。

不偏不易

今有一人焉，自幼时以来，深思远虑，求财产与名誉，以保其一身及妻子之福祉。彼舍目前之快乐，而忍社会之耻辱，不寄其心于美学及哲学等无用之事业，不费其日于不急之旅行，而以精确之方法，实现其身世之目的，彼之生涯，虽无害于世，然终其身无一可褒之点。然孰不谓此种俗子，有非常之推理力乎？又设有一恶人焉，以卑劣之策猎取富贵，甚或盗国家而有之，然后以种种诡计，蚕食其邻国，而为世界之主。彼其为此也，坚忍果戾而不夺于正义及仁爱之念，有妨彼之计画者，翦之、除之、屠之、刈之，而无所顾，驱亿万之民于刀锯缧绁而无所悯，然且厚酬其党类及助己者而无所吝，以达其最大之目的。孰不谓彼之举动，全由理性出者乎？当其设此计画也，必须有最大之悟性，然执行此计画，必由理性之力。此所谓实践理性者非欤？……夫人知其不然也。要知大恶之所由成，不由于其乏理性，而反由与理性同盟之故，故汗德以前之作者，皆以良心为伦理的冲动之源，以与理性相对立。（《释理》）

汗德，即康德。理性若无德性联辔而行，犹人手持钢刀利刃胡乱挥舞，向别人砍去，则斫伤世界；向自己砍去，则斫伤自我。

合情合理

夫欧洲全土所视为一切德性之模范者，非基督教之开祖之生活乎？如谓彼之生活为人类最合理之生活，彼之教训示人以合理的生活之道，则人未有不议其大不敬者也。今有人焉，从基督之教训，而不计自己之生活，举其所有以拯无告之穷民，而不求其报，如此者，人固无不引而重之，然孰敢谓其行为为合理的乎？或如阿诺尔特以无上之勇，亲受敌人之刃，以图其国民之胜利者，孰得谓之合理的行为乎？（《释理》）

和谐的生活，是德性与理性的统一，是从心所欲不逾矩，是极高明而道中庸，是所谓合情合理。

道德的力量

（《水经注》原文）寻郭文之故居，访胡昭之遗像，世去不停，莫识所在。

（王国维注文）《魏志》云：胡昭字孔明，颍川人。居陆浑山中，躬耕乐道，以经籍自娱，闾里敬而爱之。寇贼到陆浑南长乐亭，自相约誓，言："胡居士贤者也，一不得犯其部落。"一川赖昭，咸无怵惕。（《水经注校注》卷上）

《孟子·公孙丑上》："以力服人者，非心服也，力不赡也；以德服人者，中心悦而诚服也。"其意思是说，德性具有强大的力量，可以使坚硬的变柔软，使柔软的变刚强。

德者，得也

（《水经注》原文）郁水又东径高要县，牢水注之。水南出交州合浦郡，治合浦县，汉武帝元鼎六年平越所置也。王莽更名曰桓合，县曰桓亭。孙权黄武七年，改曰珠官郡。郡不产谷，多采珠宝，前政烦苛，珠徙交趾，会稽孟伯周为守，有惠化，去珠复还。

（王国维注文）谢承《后汉书》：孟尝字伯周，为合浦太守。郡县旧采珠以易米食，先时二千石贪秽，使民采珠，积以自入，珠忽徙去。合浦无珠，饿死盈路。孟尝行化，一年之间，去珠复还。（《水经注校注》卷下）

孟尝行化，去珠复还，这恰如《管子·心术上》所云："德者，道之舍，物得以生。"人们喜欢温暖而光明的事物，喜欢平和而静谧的状态，喜欢淡淡的安稳和舒适的流动，这一切都氤氲在有德之人的身旁。有德，才能有得。

福德合一

盖人之至高之要求，在于福祉，而道德与福祉实有不可离之关系。爱人者，人恒爱之；敬人者，人恒敬之。不爱敬人者反是，如影之随形，响之随声，其效不可得而诬也。《书》云：“惠迪吉，从逆凶。”希腊古贤者所唱福德合一论，固无古今中外之公理也。（《论教育之宗旨》）

《涅槃经》云：“种瓜得瓜，种李得李。”你如何对待工作，工作就如何回馈你；你如何对待身体，身体就如何回报你；你如何对待别人，别人就如何对待你。播撒爱的种子，才能收获爱的果实；播撒德性，才能收获幸福。

无字丰碑

《管子·轻重戊》云："殷人之王，立皂牢，服牛马，以为民利，而天下化之。"盖古之有天下者，其先皆有大功德于天下。禹抑洪水，稷降嘉种，爰启夏、周。商之相土、王亥，盖亦其俦。然则王亥祀典之隆，亦以其为制作之圣人，非徒以其为先祖。周秦间王亥之传说，胥由是起也。（《殷卜辞中所见先公先王考》）

《左传·襄公二十四年》："大上有立德，其次有立功，其次有立言。虽久不废，此之谓不朽。"圣人以功德传，凡人亦以功德传。口碑在人之作为，不在人之地位、财富和权势。播撒友爱、善意和宽容，就会收获良好的声誉。你的善念善行是无字丰碑。

从心所欲不逾矩

欲观周之所以定天下，必自其制度始矣。周人制度之大异于商者，一曰立子立嫡之制，由是而生宗法及丧服之制，并由是而有封建子弟之制，君天子、臣诸侯之制；二曰庙数之制；三曰同姓不婚之制。此数者，皆周之所以纲纪天下。其旨则在纳上下于道德，而合天子、诸侯、卿、大夫、士、庶民以成一道德之团体。周公制作之本意，实在于此。（《殷周制度论》）

不以规矩，难成方圆。性格、习惯，个人之规矩；法律、公德，社会之规矩。规矩要合乎理性和道德。涵养良好的性格和习惯，人生才会张弛有度、游刃有余；生发完善的法律和公德，国家才会和谐共进、政通人和。

立身须正

《韩文》四十卷、《韩文外集》十卷、《传》一卷、《遗文》一卷、《柳文》四十三卷、《别集》二卷、《外集》二卷、《附录》一卷（校明刊本）

叶石君手跋：丁未之冬，旅居独坐，篝镫夜读，始阅韩昌黎《顺宗实录》，仿佛《左氏》之风。再读柳州制述，的配昌黎议论，顾立身不正，一跌不复起，遂以废弃，且不永年，故少逊焉。嗟乎，人之自立不可不慎也，后学者安得不鉴戒哉！（《传书堂藏善本书志》卷下）

人贵自立，立言、立德、立性、立行，“立身不正，一跌不复起”。《孟子》云：“先立乎其大者，则其小者不可夺也。”人要在内心深处“立乎其大”，才能迎接尘世的风雨而屹立不倒。

某等不肯

《三朝北盟会编》引《宣和录》：粘罕因太原未下，分兵守之。义胜军引粘罕陷威胜军及隆德府，欲寇泽州。逢朝廷议和官，乃还太原，遣人入城，谕之曰："朝廷已割太原矣。"孝纯并副总管王禀曰："朝廷使汝交割太原，但奏朝廷，云'某等不肯'。"坚守如初。（《补家谱忠壮公传》）

人生天地之间，内心以公理、人性、天下为大，则能去私利，持正见，有所不为，有所必为。"某等不肯"，四字虽短，不异豪言壮语，足以撼动天地。

一米阳光

读《会真记》者，恶张生之薄幸而恕其奸非。读《水浒传》者，恕宋江之横暴而责其深险。此人人之所同也。故艳词可作，唯万不可作儇薄语。龚定庵诗云："偶赋凌云偶倦飞，偶然闲慕遂初衣。偶逢锦瑟佳人问，便说寻春为汝归。"其人之凉薄无行，跃然纸墨间。余辈读耆卿、伯可词，亦有此感。视永叔、希文小词何如耶？（《人间词话》）

做人、做事，要有底线，犹如文人，"艳词可作，唯万不可作儇薄语"。儇薄，巧佞轻佻之意。艳词常有风流蕴藉之事，巧佞轻佻，则无德无行。生活中，我们很难做一个完全的好人，但为人、为事仍需留得三分余地。佛经云："放下屠刀，立地成佛。"其意思是容人有忏悔之机会，萌蘖内心之善。内心无善，何来忏悔。内心仅存的微善，即是做人的根本。坏而不至于绝，是人性的底线。

总有得失

（《水经注》原文）昔琅邪承官避乱此山，立性好仁，不与物竞，人有认其黍者，舍之而去。

（王国维注文）《东观汉记》：承官将妻子入华盖蒙阴山谷，耕种禾黍，人有认其黍者，亦不与人竞，舍之而去。（《水经注校注》卷下）

《论语·雍也》："仁者静。"失之于禾黍，得之于心灵之平静。失与得，谁又能厘清？然而，与人无争，毕竟是一种境界，一种超拔于得失的境界。

爱人爱物

《地理新书·序》：诗人美指曰："敦彼行苇，牛羊勿履。"谓草木微者，犹能爱之，况于人乎？（《五代两宋监本考》卷中）

佛家有"四无量心"，即慈无量心、悲无量心、喜无量心、舍无量心。慈悲喜舍，皆持大慈悲心，舍己度人，普利苍生。人性细软如丝，爱人爱物，以爱普施草木生灵，则山川明月、尘埃草露均沾福泽。人心之善，如山如海，不可测度。

不当视，不可得

歌山

案：《郡国志》云：东阳歌山，山下水通临海。昔有人乘船从下望，见女子于山下汲水，登峰而歌，姿态端美。船人挑之，神怒，因坠三大石塞水源，遂不通舟船。（《乾隆浙江通志考异残稿》）

招宝山

案：《元丰九域志》：定海有候涛山。《宝庆志》：候涛山，县东北八里，一名招宝山。耆老相传，山下有蚌生明珠，往来波涛之间，渔人或得之，则光耀逼人，骇浪继作，舟不可行，投之乃至。（《乾隆浙江通志考异残稿》）

涵养心性，用纯净的心去看，世界才是美的。

一个青年，忘不掉以前的爱人。禅师递给他一个杯子，往里面注入滚烫的水，青年最终只得放下杯子。人生总有看不到的风景，总有得不到的人，总有未曾走过的路，累了、痛了、伤了，适时放下，也是一种智慧。

真的舍得

季历之妃曰太任，梦长人感己，溲于豕牢而生昌，是为周文王。龙颜虎肩，身长十尺，胸有四乳。太王曰："吾世当有兴者，其在昌乎！"季历之兄曰太伯，知天命在昌，适越终生不反。弟仲雍从之，故季历为嗣以及昌。（《今本竹书纪年疏证》卷下）

王国维《殷卜辞中所见先公先王考》云："商之继统法，以弟及为主，而以子继辅之。无弟，然后传子。"初，周为商之属国，遵循商制。季历为周文王昌父，季历殁，王位当由季历之兄太伯继承，其次由季历之弟仲雍从之。太伯、仲雍见昌有贤德，远适他乡，终生不返，季历得以传位于昌。圣严法师《佛学入门》释"舍无量心"云："一泽秋水如镜，月穿无痕，故称舍无量心。"舍得，在于舍其"能得""所得""当得"，与舍"无""不当得""不能得"有霄壤之别。能舍"得"，是人生一大境界。

人的味道

夫气质之为物，较品性为著。品性必观其人之言行而后见，气质则于容貌举止声音之间可一览而得者也。盖人之应事接物也，有刚柔之分焉，有缓急之殊焉，有轻重强弱之别焉。此出于祖父之遗传，而根于身体之情状，可以矫正而难以变革者也。可以之善，可以之恶，而其自身非善非恶也。善人具此，则谓之刚德、柔德；恶人具此，则谓之刚恶、柔恶。此种特性，无以名之，名之曰气质。（《古剧脚色考》）

《荀子·宥坐》曰：“且夫芷兰生于深林，非以无人而不芳。”气质不因无人而减，亦不因有人而增。气质是人的味道。

有容乃大

三原湾

案：《太平寰宇记》作“三京湾”，引《郡国志》云：永嘉有三京湾，无所不容。谚云人有能食者，云“腹如三京湾”，即此也。（《乾隆浙江通志考异残稿》）

格：度量也。（《重辑仓颉篇》卷下）

古人多有雅量。《宋史·吕蒙正传》载：“吕蒙正，字圣功，河南人，太平兴国二年擢进士第一。五年，拜左补阙，知制诰。未几，擢左谏议大夫，参知政事。蒙正初入朝堂，有朝士指之曰：‘此子亦参政耶？’蒙正阳为不闻而过之。同列不能平，诘其姓名。蒙正遽止之曰：‘若一知其姓名，则终生不能忘，不若毋知之为愈也。’时皆服其量。”吕蒙正三度为相，于无关紧要处权且放过，不愧为“宰相肚里能撑船”。人心如海，有容乃大。容，度量也，有度量，则有高格。

大体则有，具体则无

累黍为尺之说，始于《吕览》。刘歆、班固皆用其说，此最无谓也。历代之尺，多以累黍为名，而长短不同，后人求之不得，于是有纵黍、横黍、斜黍种种之说，实皆以尺求黍，不能以黍定尺，以为起度之准，殊为失之。此不独黍有大小之差，年有丰耗之异，如《隋志》所云而已，即令黍之大小终古不变，而铢铢而累之，至石必差；寸寸而量之，至大必失。累分为尺，理亦如之。此事理之最易明者，而人乃多为之说，是何异已！（《东山杂记》）

以黍求尺，则“铢铢而累之，至石必差；寸寸而量之，至大必失”。试想，事无巨细，物无轻重，岂能事事亲力亲为？很多事情，不能锱铢必较，要从大处着眼，此之谓“大体则有，具体则无”。

众生平等，各得其所

《妙法莲华经》七卷

宋僧德求手跋：所求善利，先愿国泰民安。次冀四恩同报，三有普姿，法界冤亲，平等普及。然后愿此宝塔坚固，久住世间，诸天守护，使法界有情，于我释迦遗教之中，或瞻或礼，或见或闻，或贫或富，或贵或贱，或供养烧香，或然烛合掌，或恭敬赞叹，或嫉妒毁谤，或役工运力，或觐相生善，或影临身到，或塔下经过，或登高而目觐，或船过而观，或飞禽走兽，或蝼蚁、蚊、虿、蝇等，但是有形状具佛性者，平等俱沾利乐，成就菩提。（《传书堂藏善本书志》卷下）

众生平等，泯灭有无；人无贵贱，各得其所。果如是，则梵呗之音，当不绝缕于世；果如是，则平等之理念，当萌蘖于心府。

此生此世的忠实

词人之忠实，不独对人事宜然。即对一草一木，亦须有忠实之意，否则所谓游词也。（《人间词话》）

我们很难对“忠实”下一个准确的定义，忠实像一种氤氲的气质，如宝石隐隐放射的光华。以诚待人，是忠实；以本真待自我，亦是忠实。内心宽厚，与人随和，是一种忠实；内心安稳如磐石，不随世情、不随人心迁转，亦是一种忠实。忠实，仿若草木山河，仿若平野深谷，总给人安稳宁静的感觉。

学会自己走路，也让别人轻松上路

（《水经注》原文）汉世又有闵仲叔，隐遁市邑，罕有知者，后以识瞻而去。

（王国维注文）皇甫谧《高士传》云：闵贡字仲叔，太原人，客居安邑。老病家贫，不能得肉，日买猪肝一片。其令闻之，敕吏常给焉。仲叔知而叹曰：我岂以口腹累安邑耶！遂去。（《水经注校注》卷上）

闵仲叔贫穷而不受接济，既有安贫乐道的风骨，又有不以己累人的气节。尘世中，我们常常因着各种琐碎而成为彼此的重负。其实，任何人都没有背负着我们行走的责任，我们必须学会自己走路。不以己累人，让别人轻松上路，也是一种美德。

宠辱不惊，去留无意

大旱既久，庐舍俱焚，会汾王崩，卜于大阳，兆曰：“厉王为祟。”周公、召公乃立太子靖，共和遂归国。和有至德，尊之不喜，废之不怒，逍遥得志于共山之首。（《今本竹书纪年疏证》卷下）

唐肖峰《小原笔记》云“宠辱不惊……去留无意”，宋范仲淹《岳阳楼记》云“不以物喜，不以己悲”，皆为千古名句。宠辱、去留、得失、尊废，不萦怀于心，以平常心处之，人生才能闲庭信步，才能终老于平和之心。

刚柔相济

《文子》十二卷（孙渊如校钞本）

孙渊如手书《序》：书有云“老子常学于常樅，见舌而知柔”，又云“齿坚于舌而先毙”。考《孔丛》云子思见老莱子曰“子不见夫齿乎，齿坚刚卒尽相磨，舌柔顺终以不弊”。（《传书堂藏善本书志》卷下）

《后汉书·黄琼传》云：“峣峣者易缺，皦皦者易污。”其意思是说，性格刚直者，难免遭人非议；品性高洁如玉者，最容易受到污损。刚者易折，柔者善存，人生需要柔和变通。风吹芦苇而不迁移，柔在其中；尺蠖屈伸，柔在其中。芦苇外柔内刚，尺蠖志向存于屈伸之间，皆刚柔相济之功用。人生需要学会变通转寰、刚柔相济。

知足常乐

（《水经注》原文）昔孔子行于郕之野，遇荣启期于是，衣鹿裘被发，琴歌三乐之欢，夫子善其能宽矣。（王国维注文）《列子》：荣启期曰："天生万物，唯人为贵，而吾得为人，一乐也。男女之别，男尊女卑，吾得为男，二乐也。人生有不见日月，不免襁褓者，吾行年九十矣，是三乐也。"（《水经注校注》卷下）

《老子》云："祸莫大于不知足，咎莫大于欲得，故知足之足常足矣。"也许我们不够富裕，但我们有健康的身体；也许我们不够俊朗，但我们有平和的性情。我们有风，有雨，有草木山河、日月星辰，我们有家人，能爱人，也能被人爱。这一切都是我们幸福的源泉。

人生适度满足

老子曰："人之大患，在我有身。"庄子曰："大块载我以形，劳我以生。"忧患与劳苦之与生相对待也久矣。夫生者，人人之所欲；忧患与劳苦者，人人之所恶也。然……人有生矣，则思所以奉其生。饥而欲食、渴而欲饮、寒而欲衣、露处而欲宫室，此皆所以维持一人之生活者也。然一人之生，少则数十年，多则百年而止耳。而吾人欲生之心，必以是为不足。（《〈红楼梦〉评论》）

于是吾人自己之生活，若负之而不胜其重。（《〈红楼梦〉评论》）

且人生苟为数十年之生活计，则其维持此生活，亦易易耳，曷为而其忧劳之度，倍蓰而未有已？（《〈红楼梦〉评论》）

王国维《尘劳》诗云："苦觉秋风欺病骨，不堪宵梦续尘劳。"此句言尽人生艰辛、梦中奔波，堪为佳句。其著作《叔本华与尼采》亦言："人生如役夫，昼亦一役夫，夜亦一役夫，醒亦一役夫，梦亦一役夫。"1两者有异曲同工之妙。人为生活，奔波之苦如是。人生熙来攘往，何时忘却蝇营？答曰：常满足，心安处。

此心安处即为福

大患固在我，他求宁非谩。所以古达人，独求心所安。（《偶成二首》）

有人求广厦千间，有人求良田一顷；有人求庙堂之高，有人求林野之隐；有人求锦绣还乡，有人求布衣终老。皆无高下，贵在心安。身眠心安处，即为福。

此心安处是吾乡

武林山（即霍隐山）

案：《水经注》《元和郡县志》皆作“灵隐山”。《水经注》云：“昔有道士，长往不归，因以稽留为山号。”《太平寰宇记》云：“许由、葛洪皆隐此山，入去忘归，本号稽留山。”（《乾隆浙江通志考异残稿》）

生命如行旅，何处落脚？答曰：心安处可稽留。人生总需寻得一处忘归之所，以载营抱魄。

社会需要义，不需要主义

仁之事，非圣哲不能。若夫义，则苟栖息社会以上者，不可须臾离者也。人有生命、有财产、有名誉、有自由，此教者，皆神圣不可侵犯之权利也。苟有侵犯之者，岂特渎一人神圣之权利而已，社会之安宁亦将岌岌不可终日。故有立法者以虑之，有司法者以行之。不然，彼窃盗者果安罪哉？彼迫于饥寒之苦而图他人锱铢之利，固情之所可恕者也。然法律上所以不能恕之者，则以其危财产之权利也。人苟失其财产之权利，则无储蓄之心。无储蓄之心，则无操作之心。人人不思操作，则社会之根柢摇矣。故凡侵犯他人之生命、财产、自由者，皆社会所谥为不义，而为全社会之大戮者也。故曰义之于社会，其用尤急于仁。仁之事，非圣哲不能；而义之事，则亦得由利己主义推演之，非特社会之保障，亦个人之金城也。（《教育偶感四则》）

承认私权，乃有公义，此之谓自由生于人性。

善是一种实践的道德

然不可但以知善为足，必以行之为务。（《教育学》）

《圣经·箴言》云：“智慧在街市上呼喊，在宽阔处发声……我呼唤，你们不肯听从；我伸手，无人理会。”我们无法听到别人内心沉默的呼喊，除非，他喊出声来。善，不仅要深存内心，而且要通过行动表现出来。

君子慎独

《中庸》:“是以君子戒慎乎其所不睹，恐惧其所不闻。”郑玄注曰：小人闲居为不善，无所不至也。君子则不然，虽视之无人，听之无声，犹戒慎恐惧自修，正是其不须臾离道。（《书辜氏汤生英译〈中庸〉后》）

我们人生的第一个监督者，不是别人，而是自己；我们首先要学会的不是如何与别人相处，而是如何与自我相处。人与自我的相处，是一段艰辛而漫长的旅程，然而，走过这段路，我们就会看到表里如一的自己、内心深处的自己，就会看到自我曼妙的风景，看到生命高贵的品性。

通达事理

明于事理者可以大任，明于小事者可以小知。贤而不明事理谓之迂，才而不明事理谓之妄，迂妄皆足可以偾事，而妄者持其才气，其偾事也尤大且速。（《劾大臣不明事理疏》）

一个醉酒的男人，力量越大，造成的破坏也越大。无理智的巨人，他的作用远不如一个平凡的普通人。强壮的身体，坚定的意志，若无理性的驾驭，就是一匹脱缰的野马。给野马套上笼辔，给人套上理性的枷锁，才能导人以正途。

不自欺，不欺人，不被人欺

孔子曰："信而好古。"又曰："君子于其不知，盖阙如也。"故于夏、殷之礼，曰："吾能言之，杞、宋不足征也，文献不足故也。"（《古史新证》）

知道就是知道，不知道就是不知道，这才是真正的智慧。强不知以为知，是虚伪。不自欺，不欺人，不被人欺，这样的人生才是诚恳而潇洒的人生。

心里的种子

（《水经注》原文）案盛弘之云：众山水出注于大溪，号曰横流溪。溪水甚小，冬夏不干，俗亦谓之为贪泉，饮者辄冒于财贿，同于广州石门贪流矣。廉介为二千石，则不饮之。昔吴隐之挹而不乱，贪岂谓能污其真乎？盖亦恶其名也。

（王国维注文）《晋安帝纪》云：吴隐之为广州刺史，界有一水名贪泉，故老言饮此水者，廉士皆贪。隐之始践其境，酌水饮之，因赋诗曰："古人云此水，一歃怀千金。若使夷齐饮，终当不易心。"清操逾厉。（《水经注校注》卷下）

佛家有"因缘"之说。产生结果的直接内在原因，为"因"；相资助的外在间接原因为"缘"。如谷物成熟，谷物种子为因，雨露稼穑为缘。若无种子，即使整日稼穑，亦无收获；若内心无贪念，即使外部充满诱惑，亦不为所动。我们无法诱惑内心真正纯净的人。左右我们的不是外在环境，而是内在真实。

本是彻底清，被钱打得浑了

《齐东野语》：王叔（疑有阙字）知吴门日，名其酒曰“彻底清”。锡宴日，伶人持一樽，夸于众曰：“此酒名‘彻底清’。”既而开樽，则浊醪也。旁诮之曰：“汝既为‘彻底清’，却如何如此？”答云：“本是彻底清，被钱打得浑了。”（《优语录》）

“金子，黄黄的，发光的，宝贵的金子！只要一点点儿，就可以使黑的变成白的，丑的变成美的，错的变成对的，卑贱的变成尊贵的，老人变成少年，懦夫变成勇士。”英国剧作家莎士比亚《雅典的泰门》中的这段话道出了金钱对人性的腐蚀作用。人若不能合理获得和使用金钱，便会沦为金钱的奴隶，便会用金钱去切割人性、撕裂亲情、袪除善意、培育罪恶。

虽贫亦可纵情诗酒，宾客盈门

《明史·文苑传》：隆举万历五年进士，除颍上知县，调繁青浦。时招名士饮酒赋诗，游九峰、三泖，以仙令自许，然于吏事不废，士民皆爱戴之。迁礼部主事。西宁侯宋世恩兄事隆，宴游甚欢。刑部主事俞显卿者，险人也，尝为隆所诋，心恨之。讦隆与世恩淫纵。隆等上疏自理，乃两黜之，而停世恩俸半岁。隆归，道青浦，父老为敛田千亩，请徙居，隆不许。欢饮三日谢去。归益纵情诗酒，好宾客，卖文为活。（《曲录》）

屠隆，不受父老田财，不徙居，能正道直行，为世人楷模！人不受金钱捆绑，虽贫，亦可纵情诗酒，宾客盈门！

人生即意志

然则我之自身，意志也。而意志与身体，吾人实视为一物。故身体者，可谓之意志之客观化，即意志之入于知力之形式中者也。（《叔本华之哲学及其教育学说》）

意志是人生的动力，人生是意志的延展。也许，你继承了父辈的梦；也许，你有自己的梦；也许，你喜欢波澜壮阔的海洋；也许，你喜欢辽阔无垠的草原。但无论如何，你都要听从梦想的声音。人生是实现意志的伟大历程。

活着，是更艰难的选择

至自杀之事，吾人姑不论其善恶如何，但自心理学上观之，则非力不足以副其志而入于绝望之域，必其意志之力不能制其一时之感情而后出此也。而意志薄弱之社会，反以美名加之。吾人虽不欲科以杀人之罪，其可得乎？（《教育小言十则》）

自杀，是绝望时的放弃，它只需一个瞬间便可完成，而一个人在失去原本拥有的一切、深味了人生的所有苦痛之后，却仍然与命运作抗争，这需要更大的勇气！活着，是更艰难的选择，也是强者的选择。

你看看别人家的女婿!

洪迈《夷坚志》：蔡京作宰，弟卞为元枢。卞乃王安石婿，尊崇妇翁。当孔庙释奠时，跻于配享而封舒王。优人设孔子正坐，颜、孟与安石侍侧。孔子命之坐，安石揖孟子居上，孟辞曰："天下达尊，爵居其一，轲近蒙公爵，相公贵为真王，何必谦光如此。"遂揖颜，曰："回也陋巷匹夫，平生无分毫事业，公为命世真儒，位貌有间，辞之过矣。"安石遂处其上。夫子不能安席，亦避位。安石惶惧，拱手云："不敢。"往复未决。子路在外，情愤不能堪，径趋从礼室，挽公冶长臂而出。公冶为窘迫之状，谢曰："长何罪？"乃责数之曰："汝全不救护丈人，看取别人家女婿。"其意以讥卞也。时方议欲升安石于孟子之上，为此而止。（《宋元戏曲史》）

宋徽宗崇宁时，王安石被追封为"舒王"，应当在孔庙中以配角的身份享受祭祀。蔡卞为王安石女婿，朝议时，建议将王安石的位置放置于孟子前。优人做戏讥之。孔子命座，孟子以安石“爵”胜于己、颜回以安石“位貌有间”（官位和容貌显达）胜于己揖让。孔子见安石安坐，起而让位于安石。孔门首徒子路拉着孔子的女婿公冶长从礼室出，责怪公冶长：“你一点也不懂得关心自己的老丈人，你看看别人家的女婿！”优人以此讥讽蔡卞。故事诙谐，博人一笑之余，亦可见出在古人心中何为功业。孔子、孟子、颜回，不以爵位胜，不以位貌胜。真功业在于人心之教化，在于道德之垂范，此之谓人生大事业。

识见

贺黄公裳《皱水轩词筌》云："张玉田《乐府指迷》其调叶宫商，铺张藻绘抑亦可矣。至于风流蕴藉之事，真属茫茫。如啖官厨饭者，不知牲宰之外别有甘鲜也。"此语解颐。（《人间词话》）

贺裳《皱水轩词筌》论张炎《乐府指迷》，以为其音韵谐和、辞藻华丽，除此之外，对于风流蕴藉之事，则一无所知。这恰如常吃官家厨房烧出来饭的人，不知道在屠宰的牲畜之外，人间还有其他的美味。人常囿于识见狭浅，不能窥见事物全貌，做出错误的判断。因此，人生第一要务在增闻广识、开拓心胸。人生犹如舞台，约束你的不是舞台的大小，而是心的大小。心大，才能舞出大境界。

游历

案《汉旧仪》（《太平御览》卷二百三十五引）：“司马迁父谈，世为太史。迁年十三，使乘传行天下，求古诸侯之史记。”

案《自序》：“二十而南游江、淮，上会稽，探禹穴，窥九疑，浮于沅，湘，北涉汶、泗，讲业齐、鲁之都，观孔子之遗风，乡射邹、峄，厄困鄱、薛、彭城，过梁、楚以归。”

是史公足迹，殆遍宇内。（《太史公行年考》）

游历是对生命的另一种阅读。游历的价值，在于遇到不一样的人，见到不一样的事，看到不一样的风景，听到不一样的声音。游历是身体的拓展、灵魂的翱翔。游历使胸中有千沟万壑，有激流浅滩，有鸟语花香，有草木山河。内心丰富，人生才能丰富。

不用而死

（《水经注》原文）获水于彭城西南回而北流，径彭城，城西北旧有楚大夫龚胜宅，即楚老哭胜处也。

（王国维注文）《汉书》：王莽遣谒者持安车、印绶，即拜楚国龚胜为太子师友祭酒，胜不应征，不食而死，时年七十有九矣。有老父来吊，哭甚哀，曰："嗟乎！薰以香自烧，膏以明自销。龚生竟夭天年，非吾徒也。"（《水经注校注》卷下）

天年，天赋予人的寿命，即自然寿命。龚胜有贤德之能，终生不用，幸乎，悲乎？人生于世，各人有各人之意志。有人持"穷则独善其身，达则兼善天下"（《孟子》）之理念，与世浮沉；有人持"君子将有为"（《易·系辞上》）之理念，积极入世；亦有人持"曳尾涂中"（《庄子·秋水》）之理念，出世逃遁。人各有志，众说纷纭，岂可强求。

方向正确更重要

臣闻在南方州军，连年疾疫瘴疠，其尤者一军有死十余万人。此虽天令，亦缘医工谬妄，反增其疾。（《五代两宋监本考》卷中）

有一故事，颇具启迪。众人推车上坡，皆大汗淋漓，然车子还是无法行进。有一壮汉，用力最甚。人劝其稍息，壮汉曰：“不可，车子还没拉下来呢！”众人方恍然大悟，原来是众人往上推车，壮汉往下拉车而已。在错误的方向上用力越多，损害越大，可见，方向正确最重要，犹如为人治病，若医术不精、南辕北辙，则反增其害。

不走终南捷径

《列朝诗集》：杨侍郎廷仪过浒西，留饮甚欢，自起弹琵琶劝酒。杨言："家兄在内阁，殊相念，何不以尺书通问？"德涵发怒，掷琵琶撞之。杨走，追而骂曰："吾岂效王维，假作伶人，借琵琶讨官做耶？"（《曲录》）

杨廷仪与德涵（康海）饮酒。杨对康说："我哥哥在内阁做官，是否需要给他写信，帮你捞取官职？"康怒，不从。德国诗人歌德《浮士德》有言："善良人在追求中纵然迷惘，却终将意识到有一条正途。"人生的道路有很多条，而成功的道路却只有一条，那就是正道直行。

你能举多少斤

陆放翁跋《花间集》谓："唐季五代，诗愈卑，而倚声者辄简古可爱。能此不能彼，未可以理推也。"《提要》驳之谓："犹能举七十斤者，举百斤则蹶，举五十斤则运掉自如。"其言甚辨。（《人间词话》）

人常言，心有多大，舞台就有多大，然而，若无大的才能，大舞台也只能舞出小境界。才有大小，力有不逮，不可强求。人生需要奠基于能力之上的适度超越，而不是好高骛远和不着边际的幻想。

有所能有所不能

白仁甫《秋夜梧桐雨》剧，奇思壮采，为元曲冠冕。然所作《天籁词》，粗浅之甚，不足为稼轩奴隶。创者易工，而因者难巧欤？抑人各有能有不能也。读者观欧、秦之诗远不如词，足透此中消息。（《人间词话》）

战国屈原《卜居》云：“夫尺有所短，寸有所长，物有所不足。智有所不明，数有所不逮，神有所不通。”意思是说，事物各有长处，亦各有短处，不可求全责备。善文者，常短于力；善武者，常失于礼，也是类似的道理。因此，对自己，不求事事满意，择其能者而行之。

不可不慎

叠：扬雄说："以为古理官决罪三日，得其宜乃从之。从晶，从宜。"叠，重也，积也。（《重辑仓颉篇》卷上）

耐：古"耐字"从彡。杜林以为法度之字皆从寸，后改如是。（《重辑仓颉篇》卷上）

"叠"，古字同"疊"，上"三日"下"宜"。扬雄以为，古代法官断狱讼事，常需数日，了明案情，方下判词，然后执行。"耐"，古罪名，关涉法度，杜林改之以从寸，意为法度于寸心间见得失。古人审慎如此，可见赤诚之心。人生中，某些事，关乎性命、原则、幸福、家庭，不可不慎！

君子择术

博趣而旨约，识高而议平。其忧世之深，有过于龚、魏；而择术之慎，不后于戴、钱。（《沈乙庵先生七十寿序》）

术，安身立命之所依，安居乐业之所附。清代古文大家方苞《狱中杂记》云：“孟子曰：‘术不可不慎。’信夫！”君子择术，或立于兴趣，或依于能力，不可不慎！

无悔所学

《后汉书》本传：林前于西州得漆书古文《尚书》一卷，常宝爱之。虽遭艰困，握持不离身。出以示宏等曰："林流离兵乱，常恐斯经将绝。何意东海卫子，济南徐生复能传之，是道竟不坠于地也。古文虽不合时务，然愿诸生无悔所学。"（《两汉古文学家多小学家说》）

人生择术，不可不慎。然慎择之后，就要努力去做得更好。也许，我们的选择，不能使我们获取名利权位，但只要是心之所爱，就不要后悔。

不役于现在，常规划未来

> 盖禽犬常为现在之奴隶，而人类则以有理性之故，能合人生及世界之过去未来而统计之，故能不役于现在，而作有计划有系统之事业，可以之为善，亦可以之为恶。（《释理》）

人优于动物者在于，人可以走在时间的前面。善于规划未来，是人的财富。人劣于动物者在于，人又常走在时间的后面。背负过往，常阻滞人生攀登的高度。不役于过往，常规化将来，是人获得成功的圭臬。

有始，有终

今有人籽种未下而延人食其秋之实，牛羊未字而约人享其子之肉，未有不笑其愚且妄者也。（《教育小言十则》）

天下未有根本不培而枝叶能茂者，则其有害无利，固不足怪。夫图根本者，其事固艰，其效固迟，然此外更无易而且速之法。则与其欲速而不达，何如日进而有功；与其改之于方来，何如图之于其始。（《教育普及之根本办法》）

人可以用未来宽慰精神，却无法用未来慰藉身体。图终起于图始，做事亦如是，与其在虚幻中成为国王，何如在现实中以一个凡人的姿态，一步一步走向梦想，走向成功！

终点，不过是另一个起点

目的未达时，不可放弃之；既达后，不可不维持之。（《教育学》）

清程允升《幼学琼林·地舆》云：“事将成而终止，曰为山九仞，功亏一篑。”这是目的未达之时而放弃。宋欧阳修《五代史·伶官传序》言后唐庄宗李存勖“方其系燕父子以组，函梁君臣之首，入于太庙，还矢先王，而告以成功，其意气之盛，可谓壮哉！及仇雠已灭，天下已定，一夫夜呼，乱者四应，仓皇东出，未及见贼而士卒离散，君臣相顾，不知所归。至于誓天断发，泣下沾襟，何其衰也！岂得之难而失之易欤？抑本其成败之迹，而皆自于人欤？”这是目的既达之后而放弃。

成功三境界

古今之成大事业、大学问者，必经过三种之境界："昨夜西风凋碧树。独上高楼，望尽天涯路"，此第一境界也；"衣带渐宽终不悔，为伊消得人憔悴"，此第二境界也；"众里寻他千百度，回头蓦见，那人正在灯火阑珊处"，此第三境界也。（《人间词话》）

艰难困苦，玉汝于成，任何人的成功都不是一帆风顺的。在成功的路上，耐得寂寞，忍得孤苦，时刻精进，才能攀登到高处，才能"会当凌绝顶，一览众山小"（杜甫《望岳》），才能看到不一样的风景。

幼稚的希望

一切宜安心，不可怀厌恶失望之心，若一事无恒，则他事亦难为矣。（《致王潜明》）

世人总怀着某种幼稚的希望，希望遭逢一件惊天动地的大事，以此检验自己的意志，证明自己的能力。他们常常忽略小事，可是，如果连小事都处理不好，又何谈大事呢？一事无恒，他事亦难。一屋不扫，遑论天下。

终生为业

《宋史·儒林传》:“孔维受诏与学官校订五经疏义，刻板行用，功未及毕，被病。将终，召其婿郑革口授遗表，以五经疏未毕为恨。”淳化二年卒。(《五代两宋监本考》卷中)

君子择术，不可不慎；既择术，则终生为业，无悔所学。同时，君子择术后，尚需孜孜以求，勤勤恳恳，方有小成。人生择一术，足矣。

为人民服务

台州府城池

案：《赤城志》：至和元年，复大水，城不没者数尺。孙守砺再加增筑。嘉祐六年，大水，复坏，徐守亿谓城南一带当水冲，用牛践土而筑之，每日穴所筑地，受水一盂，黎明开视，水不耗，乃止。（《乾隆浙江通志考异残稿》）

《周礼·天官·大宰》："二曰官职，以辨邦治。"清孙诒让《周礼正义》云："官职，谓六官之职者。……各有所职，而百事举也。凡三百六十职，通谓之官职。"古人设官职"以辨邦治"，各司其职，造福百姓。"用牛践土而筑之，每日穴所筑地，受水一盂，黎明开视，水不耗，乃止"，即在城墙上每晚挖一洞穴，注水，第二天黎明查看，若水没有损耗，质量才算合格。古人敬业如是，殊为可敬！

论演员的自我修养

叶梦得《避暑录话》：丁仙现自言，及见前朝老乐工，间有优诨，及人所不敢言者，不徒为诮谑，往往因以达下情。故仙现亦时时效之，非为优戏，则容貌俨然，如士大夫。（《优语录》）

丁仙现为优戏时，常效仿古人，以优戏进言，规谏于人；“非为优戏，则容貌俨然，如士大夫”，保持“士”的尊严。职业本无高低，不可以职业观人；从业者亦需保持自我之尊严。无论是官宦，还是布衣，皆需自重。

学问是一生的事业

《书》有之曰："功崇唯志，业广唯勤。"（《雪堂校刊群书叙录序》）

孔维等《上校定五经正义表》：唐贞观中，国子祭酒孔颖达，考前代之文，采众家之善，随经析理，去短从长，用功二十四五年，撰成一百八十卷。自是至此，三百余年。讲经者止务销文，应举者唯编节义。苟期合格，志望策名。出身者急在干荣，食禄者多忘本业，一登科举，便罢披寻。（《五代两宋监本考》卷中）

"志"者，梦想，为梦想而奔跑，所有的艰辛，在到达终点的那一刻，都会开出最美的花朵；"勤"者，努力于精进，"焚膏油以继晷，恒兀兀以穷年"（唐韩愈《进学解》），日积月累，终有所成。志向辅以勤奋，功业乃成。

孔颖达是唐朝的大学问家，他集二十四五年的心力，撰成《五经正义》一百八十卷，可谓为学之专、用力之勤。由此可见，学问是其一生的事业。后三百年，“出身者急在干荣，食禄者多忘本业，一登科举，便罢披寻”，科举者以读书为路径，一旦高中，便弃书不顾。前后对照，可见青史留名者，皆是以读书为本业者。

创业不艰，守业不易

尊书言“蓬莱欲到，风引仍回”，此亦未始非福，因现在事创之不难，守之极不易也。（《致罗振玉》）

不事稼穑，不知食粮得之不易；不经磨难，不知创业之艰难。只有深味过人生苦难的人，才能懂得风雨之后彩虹的魅力。“创业不艰，守业不易”，他事亦然，所以，人生的苦痛，无须逃避；生活的磨难，值得拥有。

沉默的大多数

社会上之习惯，杀许多之善人。文学上之习惯，杀许多之天才。（《人间词话》）

法国哲学家卢梭在《对话录》中写道：“一个主张公正却软弱的人于是从人群中隐退，待在他的角落里，不敢露面，低声可怜那被压迫之人，却害怕压迫者，不言不语。谁能知道有多少正派人是处于这种状况之中呢？他们既不让别人看见他们，也不让别人感觉到他们：他们对你那些大人先生们听之任之，不加阻拦，等待着张口说话没有危险的时刻来临。”然而，那些无声的沉默的反抗，终归不会彻底熄灭，他们深植在善良人的内心深处。我们要看到沉默中的坚持，我们要看到沉默中的力量。

在困厄中坚守

近世学术之盛，不得不归诸刊书者之功。刊书之家，约分三等，逐利一也，好事二也，笃古三也。前者勿具论，若近世吴县之黄、长塘之鲍、虞山之张、金山之钱，可谓好事者矣。若阳湖孙氏、钱塘卢氏，可谓笃古者矣。然此诸氏者，皆生国家全盛之日，物力饶裕，士大夫又崇尚学术，诸氏或席丰厚，或居京师之位，有所凭藉，成书较易，其事业未可云卓绝也。若夫生无妄之世，《小雅》尽废之后，而以学术之存亡为己责，搜集之、考订之、流通之，举天下之物，不足以易其尚；极天下之至艰，而卒有以达其志，此于古之刊书者未之前闻，始于吾雪堂先生见之。尝譬之：为人臣者，当无事之世，事圣明之主，虽有贤者，当官守法而已。至于奇节独行与宏济之略，往往出于衰乱之世，则以一代兴亡与万世人纪之所系，天固不惜生一二人者以维之也。学术亦然。孙、卢诸氏之于刊书，譬之人臣当官守法而已；至于神物之出，不与世相应，天既出之，固不忍听其存亡。而如先生之奇节宏略，乃出于其间，亦以学术

存亡之所系，等于人纪之存亡，故天不惜生一二人者以维之也。（《雪堂校刊群书叙录序》）

《淮南子》云：“神农尝百草之滋味，一日而七十毒。”由是医方兴焉。（《五代两宋监本考》卷中）

人们可以微笑着迎接胜利，却鲜有勇气微笑着迎接失败。困境中，仅需顺势而为；逆境中，则需披荆斩棘、筚路蓝缕。在困厄中坚守，是一种直面惨淡人生的伟大。

困境的价值

欲达解脱之域者，固不可不尝人世之忧患；然所贵乎忧患者，以其为解脱之手段故，非重忧患自身之价值也。今使人日日居忧患言忧患，而无希求解脱之勇气，则天国与地狱，彼两失之；其所领之境界，除阴云蔽天，沮洳弥望外，固无所获焉。（《〈红楼梦〉评论》）

通常之人，其解脱由于苦痛之阅历，而不由于苦痛之知识。（《〈红楼梦〉评论》）

顺逆之境，在于人心。勇敢的人，从逆境中看到希望；怯懦的人，从顺境中看到绝望。这犹如人在漆黑的午夜，朝向西方，看到的是沉沉的黑暗；朝向东方，看到的则是东升的太阳。逆境的价值，在于心的锤炼，在于能找到解脱的勇气。

昨日春来，今朝花谢

《秋思》马致远。见元刊《中原音韵》《乐府新声》：【双调 夜行船】百岁光阴如梦蝶，重回首往事堪嗟。昨日春来，今朝花谢。急罚盏，夜阑灯灭。（《宋元戏曲史》）

已恨年华留不住，争知恨里年华去。（《蝶恋花》）

万事不如身手好，一生须惜少年时，那能白首下书帷！（《浣溪沙》）

唐李白《春夜宴从弟桃李园序》云："光阴者，百代之过客。"光阴是一条流淌不息的河，从过往到未来。在这一旅程中，我们的额头增添皱纹，肌肤失去了光泽，然而，我们毕竟要有所收获。因光阴失去的，也必因光阴而得到。珍惜光阴的人，收获得多；荒废光阴的人，收获得少。

候时而起

《太公家教》卷中有云：太公未遇，钓鱼水（“水”上夺“渭”字）；相如未达，卖卜于市。

□天居山，鲁连海水；孔鸣盘桓，候时而起。（《唐写本太公家教跋》）

英国来华传教士李提摩太写道：“人在卑微未显时，不可绝望。”（《亲历晚清 45 年：李提摩太在华回忆录》）君子，犹如地底之岩浆，韬光养晦，在黑暗中积蓄力量，才能厚积薄发，发出耀眼的光芒。只有在默默无闻中坚守，才能成就一鸣惊人的伟大；只有在日常生活中时刻精进，才能具备候时而起的能力。

革故鼎新

四言敝而有《楚辞》，《楚辞》敝而有五言，五言敝而有七言，古诗敝而有律绝，律绝敝而有词。盖文体通行既久，染指遂多，自成习套。豪杰之士亦难于其中自出新意，故遁而作他体，以自解脱。一切文体所以始盛终衰者，皆由于此。故谓文学后不如前，余未敢信，但就一体论，则此说固无以易也。（《人间词话》）

樊抗夫谓余词如《浣溪沙》之“天末同云”、《蝶恋花》之“昨夜梦中”“百尺高楼”“春到临春”等阕，凿空而道，开词家未有之境。余自谓才不若古人，但于力争第一义处，古人亦不如我用意耳。（《人间词话》）

古人亦强调创新的价值。《尚书·胤征》云：“旧染污俗，咸与维新。”时代在变化，必须要“革故”；旧的有价值的东西，需要适应时代的发展，与时俱进，此之谓“鼎新”。革故鼎新、新陈代谢，犹如四时之更替。成功者，需把握时代脉搏，勇于创新。

源远者流长，根深者枝茂

《楚辞》之体，非屈子所创也。《沧浪》《凤兮》之歌已与《三百篇》异，然至屈子而最工。五、七律始于齐、梁而盛于唐。词源于唐而大成于北宋。故最工之文学，非徒善创，亦且善因。（《人间词话》）

唐白居易《海州刺史裴君夫人李氏墓志铭》：“夫源远者流长，根深者枝茂。”树无根不生，水无源不流。宋朱熹《观书有感》云：“问渠哪得清如许，为有源头活水来。”我们要从源头汲取力量，才能行而弥远。过去是未来的基石，只有站在过去的肩膀上，才能看得更远。

人生有命，亦何忧也？

《朝野佥载》：唐太宗极康豫，太史令李淳风见上，流泪无言。上问之，对曰：“陛下夕当晏驾。”太宗曰：“人生有命，亦何忧也？”留淳风宿。（《唐写本春秋后语背记跋》）

佛教常言人生有八苦，即生、老、病、死，怨憎会、爱别离、求不得、五蕴炽。人若能勘破生死，方为大解脱。然而，我们常常欢欣地去迎接新生命的到来，却怯于欢送生命的离去。莎士比亚《李尔王》中说：“人必须忍受他们的离开世界，正像忍受来到世界一样。”生死是不可更改之事，与其畏惧生死，何如开心地过好每一天，从而赢得生命的尊严！

不以死生动心，不以苦乐介怀

十一月初，连日雨大作。四日，土人以为年，旁午相贺。是日虚静先生赵九古语尹公曰："我随师在宣德时，觉有长往之兆，颇倦行役。尝蒙师训，道人不以死生动心，不以苦乐介怀，所适无不可。今归期将至，公等善事父师。"数日，示疾而逝，盖十一月五日也。师命门弟子葬九古于郭东原上，即行。（《长春真人西游记校注》卷上）

道家常得生死真谛，"不以死生动心，不以苦乐介怀，所适无不可"。活着，努力书写生命；离开，才能被生命书写。不以死生介怀，虽不能至，心向往之，亦是人生一大境界。

我们是我们最大的财富

炎暑方炽，尚宜为世自爱。（《致沈曾植》）

现世界事无可言者，所可宝者唯此不赀之身。（《致罗振玉》）

我们是我们最大的财富，无论身体，还是灵魂。我们背着自身上路，就像蜗牛背着自己的壳，就像狼蛛背着自己的孩子。善待自己，就是善待我们所拥有的一切。

有卫生之道，无长生之药

上悦，赐坐。食次，问：“真人远来，有何长生之药以资朕乎？”师曰：“有卫生之道，而无长生之药。”上嘉其诚，设二帐于御幄之东以居焉。（《长春真人西游记校注》卷上）

人之谨疾也，必审夫疾之所由起。起居之不时，饮食之无节，侈于嗜欲而啬于运动，此数者，致病之大源也。（《去毒篇——鸦片烟之根本治疗法及将来教育上之注意》）

基督教有“七宗罪”之说，即傲慢、妒忌、暴怒、懒惰、贪婪、贪食、色欲。我们的身体需要的并不多，仅仅是有规律的作息、有节制的饮食和适度的运动。尊重身体，请不要对身体犯罪。

卫生之道，身体之堡垒。强健的体魄，才能寄寓美好的灵魂。身体，是事业的基石，是灵魂的归宿。不爱惜身体的人，不是生命真正的热爱者。

修行之害，食、睡、色三欲

《尹公道行碑》：师诲人曰："修行之害，食、睡、色三欲为重。多食即多睡，睡多，情欲所由生。人莫不知，少能行之者。必欲制之，先减睡欲，日就月将，则清明在躬，浑浊之气自将不生。"（《长春真人西游记校注》卷上）

赖床，不仅杀死身体，亦杀死梦想。莎士比亚《查理三世》云："明天早上跟云雀同时起身。"人若是每天都能像云雀一样辛勤耕耘，那还有什么梦想不能实现呢！

节食是一种道德

食物之节制乃一种之道德，不可不养成之。（《教育学》）

不加约束的饮食，不但损伤身体，也常损害人的道德。饮食无定则，多伤脾胃；饮食烈酒，则常使人眩晕；饮食烟草，不但害己，亦危害他人。《圣经·哥林多前书》中使徒保罗说：“我是攻克己身，叫身服我，恐怕我传福音给别人，自己反被弃绝了。”“叫身服我”，即身体服于灵魂。人之衣食住行用，衣之得体，食有定制，皆道德之体现，不可不养成之。

吃得痛快，伤食；饮得痛快，病酒

《列朝诗集》：楠博闻强记，落笔数千言不休。为人跅驰，好使酒骂座。尝醉榜其役夫，旬日，役夫夜压于墙，殒。令禽治楠，当楠抵坐系狱。狱中感奋，益读其所携书，著《幽鞫》《放招》赋以自广。东郡谢榛携楠赋游长安，见诸贵人，絮而泣曰："生有一卢楠，视其死而不救，乃从千古惘惘，哀沅而吊湘乎？"吴人陆光祖为浚令，平反其狱，得免死。走谒榛于郑。榛方客赵康王所，康王立召见楠，为上客。诸王邸以康王故，争客楠。楠酒酣耳熟，骂座如故，邸中人争掩耳避之。后遍走吴会，无所遇，归，益落魄。嗜酒，病三日卒。（《曲录》）

《老残游记》第十一回云："吃得痛快，伤食；饮得痛快，病酒。"历史上，以酒误事之例不胜枚举。殷纣王"酒池肉林"，终有杀身亡国之祸；宋窦苹《酒谱》云："楚恭王与晋师战于鄢陵而败，方将复战，召大司马子反谋之。子反饮酒醉，不能见。王叹曰：'天败我也。'乃班师而戮子反。"子反因酒醉而误战事，亦自取其亡。酒，本无善恶，罪在过度。

天之成人

潘次耕耒母《吴太君小像》，服长黑衣，去地不过数寸，盖国初装束也。画者不识何人，后有徐高士枋《题吴太君画像》一文曰：天之厚庸人也，尝富贵福泽、安恬逸乐以豢之；而天之厚伟人也，必穷悴困厄、艰难险阻以成之。天之成奇人也，尝厄一遇、穷一事以彰之；而天之成完人也，必萃诸艰、历万难以固之。虽然，人生百年，俯仰奄忽，而独得以完人称者，固其遭遇之奇为有天意。然苟非严气正性、奇节至行，独能承造物之裁成，则无以臻此也。犹霜雪然，秾华艳蕊，望而萎落，而受之弥坚、经之而弥茂者，独松柏耳。苟穷悴困厄，艰难险阻，而处非其人，不变为虫沙，则腐同草木矣，安在其能卓然成立于事耶！（《阅古漫录》）

庸人无论，伟人、奇人、完人，天各以艰难险阻考验之，独完人者，所受磨难最大，所得成就也最大。《荀子·大略》云："岁不寒无以知松柏，事不难无以知君子。"南朝宋刘义庆《世说新语》云："蒲柳之姿，望秋而落；松柏之质，凌霜犹茂。”这些文字皆道出了完人犹松柏，有坚韧不拔、忍耐霜雪之品质。困难是人生的磨砺石，战胜苦难，才能完善自我。

天才与规矩

尼采乃推之于实践上，而以道德律之于超人，与充足理由原则之于天才，一也。由叔本华之说，则充足理由之原则，非徒无益于天才，其所以为天才者，正在离之而观物耳。由尼采之说，则道德律非徒无益于超人，超道德而行动，超人之特质也。由叔本华之说，最大之知识，在超绝知识之法则。由尼采之说，最大之道德，在超绝道德之法则。天才存于知之无所限制，而超人存于意之无所限制。而限制吾人之知力者，充足理由之原则；限制吾人之意志者，道德律也。（《叔本华与尼采》）

超越和遵循，永远是一对矛盾，也许“从心所欲，不逾矩”（《论语·为政》）才是最高的境界。

役夫与贵族

叔氏之天才之苦痛，则役夫之昼也；美学上之贵族主义，与形而上学之意志同一论，其国君之夜也。（《叔本华与尼采》）

叔氏学说，道尽人生苦乐。昼为役夫，人生与天才之苦痛；夜为国君，审美之得与意志实现之乐。《列子·周穆王》亦云："人生百年，昼夜各分。吾昼为仆虏，苦则苦矣；夜为人君，其乐无比。何所怨哉？"人生昼夜均分，喜忧参半，这恰如法国作家莫泊桑在《一生》中所言："人的一生，并不像想象的那么好，但也不像想象的那么坏。"

大苦痛生大智慧

夫大智者，固天之所吝。天之所吝，人之幸也。何则？小智于极狭之范围内，测极简之关系，比大智之冥想宇宙人生者，其事逸而且易。昆虫之在树也，其视盈尺以内，较吾人为精密，而不能见人于五步之外。故通常之知力，仅足以维持实际之生活耳。而对实际之生活，则通常之知力，固亦已胜任而愉快。若以天才处之，是犹用天文镜以观优，非徒无益，而又蔽之。（《叔本华与尼采》）

天之生人，才有大小，人不可夺。大智者，天之所赐，当有大作为。人犹蝉蜕，常有冲天之志，则必受破茧之苦。从苦痛中浴火重生，恰如凤凰，方能遨游九天、浮游万里。

烦恼由外，慰藉由心

书来言“与病相忘，舍伏案外无他策”，然伏案决非所宜。先生平日所为学，于后人甚有益，而于自己甚苦，如录碑及编纂诸事皆是。此等皆宜暂行停止，即考索一事亦须检书，有时且不能自止，未免有妨消化。消遣之法，以看画及阅《庄》《列》诸书或文集为宜。处今之事，烦恼由外，慰藉不能不求之于心。（《致罗振玉》）

人生维艰，既受自然界风雨之洗礼，又常有人事之烦扰，此之谓“烦恼由外”，非人力所能及；人于烦恼中解脱，寄情山水、诗书、琴棋，求内心之平和，此之谓“慰藉不能不求之于心”。烦恼由外，慰藉由心，方得人生一片心安处、一缕清凉意。

樊迟、樊哙和樊恼

叶绍翁《四朝闻见录》戊集：韩侂胄用兵既败，为之须发俱白，闷不知所为。优伶因上赐韩侂胄宴，设樊迟、樊哙，旁有一人曰樊恼。又设一人，揖问迟："谁与你取名？"对以"夫子所取"。则拜曰："是圣门之高弟也。"又揖问哙曰："谁名汝？"对曰："汉高祖所命。"则拜曰："真汉家之名将也。"又揖恼曰："谁名汝？"对以"樊恼自取"。（《优语录》）

南朝梁武帝《净业赋》云："抱惑而生，与之偕老；随逐无明，莫非烦恼。"人生在世，烦恼须臾相随，此谓人生之苦。然而，有些烦恼却是自取。烦恼根源于"惑"和"无明"，心若能照亮"惑"与"无明"，则烦恼少息。

无望祸福

人以执著于生活故，故其知力常明于无望之福，而暗于无望之祸。（《人间嗜好之研究》）

韩剧《狗与狼的时间》中说：“太阳西沉，从屋檐投下忧郁影子的那一刻，万物的轮廓变得朦胧恍惚。人无法分辨，从远处朝自己走来的那个身影，到底是自己抚养的忠实爱犬，还是一头来捕杀猎物的狼。在这一时刻，善与恶的界线变得模糊，融化成一片夕阳的血红。”人常对幸福抱有幻想，而忽略灾祸的暗暗偷袭。也许，幸福恰如灾祸，既是希望，又是绝望。它们不期而至，需要时刻准备迎接，或者，时刻准备提防。

人生萍聚

钱塘汪小米远孙《东轩吟社图》，丹徒费晓楼丹旭写，黄芗泉士珣作记。记曰：“……东轩，故汪氏先人雅集之地……茂林修竹，别成境界，二人自水石间来，持白团扇者，汪小洪迈孙。奚童捧诗卷于旁者，汪小逸秉健。飞流激湍，石梁间之童子烹茶侍坐，而执拂谈经者南屏释了义，旁坐则子律遗貌也。夫人世之聚散何常，出处靡定，重以死生之别，此身若寄，图于何有？然当夫掎裳联襟，松竹有朋，同岑之谊，终不可喧，则‘吟社图’之作，非他日东轩故事乎？……”后有钱叔美杜题七古一章云：“……人生萍聚亦偶然，但能诗酒相周旋。……”（《阅古漫录》）

佛家《楞严经》说：“譬如行客，投寄旅亭，或宿或食。宿食事毕，俶装前途，不遑安住。”东汉《古诗十九首·青青陵上柏》云：“人生天地间，忽如远行客。”两者有异曲同工之妙，皆道尽人生如浮萍聚散之感。王国维《水经注笺跋》亦云：“交游之聚散，人事之盛衰，书籍之流转，已不胜今昔之感。”生如浮萍，聚散无常，则兰亭之雅集、东轩之友聚，有高山流水之知音，有清风明月之相伴，亦是人生财富，合当珍惜。与友人聚，与家人聚，与师友聚，皆为人生乐事。

勿以小事介怀

公年力俱尚未艾，此数年中学问上之活动总可继续二十年。试思此十年中之成绩以度后之二十年，其所得当更何如！公之事业尚未及半，切勿以小事介于怀抱而使身体受其影响，非维一人之私望也。（《致罗振玉》）

人生需要把握关键的几步、关键的几件事情。勿以小事介怀，才能把大事纳入心中。

完美难得

《艺苑卮言》：王渼陂所为《折桂令》云：“望东华，人乱拥，紫罗襕老尽英雄。”此是名语。又有一词云：“暗想东华，五夜清霜寒驻马。寻思别驾，一天风雪晓排衙。”句特轩爽，四押亦佳，而“暗想”“寻思”四字不称，乃知完璧之难也。（《曲录》）

沉默者，常失于孤寂；喧闹者，常失于轻浮；婉约者怯于勇，豪放者怯于柔。完美于艺术和内心易得，于现实难求。不以完美苛责于人，不以完美责备于己，于无关紧要处权且放过，才能与自我、与他人、与世界和谐相处。

你我皆凡人

《魏志·高贵乡公纪》：帝幸太学。讲《易》毕，复命讲《尚书》。……帝又问曰："夫大人者，与天地合其德，与日月合其明，思无不周，明无不照。今王肃云：'尧意不能明鲧，是以试用。'如此，圣人之明有所未尽耶？"峻对曰："虽圣人之弘，犹有所未尽，故禹曰：'知人则哲，唯帝难之。'然卒能改授圣贤，缉熙庶绩，亦所以成圣也。"帝曰："夫有始有卒，其唯圣人。若不能始，何以为圣？其言'唯帝难之。'盖谓知人，圣人所难，非不尽之言也。《经》云：'知人则哲，能官人。'若尧疑鲧，试之九年，官人失叙，何得谓之圣哲？"峻对曰："臣窃观经传，圣人行事不能无失，是以尧失之四凶，周公失之二叔，仲尼失之宰予。"（《汉魏博士题名考》）

金无足赤，人无完人。"圣人行事不能无失"，何况凡人？因此，既不要求全责备于他人，也不要求全责备于自己。你我皆凡人，凡人难免有凡人的脆弱、凡人的不足，对自我与他人网开一面，生活才能从容潇洒。

物莫能两大

叶石林《避暑录话》，中多精语，其论人才曰“唐自懿、僖以后，人才日削，至于五代，谓之空国无人可也。然吾观浮屠中乃有云门、临济、德山、赵州数十辈人，卓然超世，是可与扶持天下，配古名臣。然后知其散而横溃者，又有在此者也”云云。此论天下人材有定量，不出于此则出于彼，学问亦然。元明二代，于学术盖无可言，至于诗文，亦不能出唐宋范围，然书画大家，接武而起，国朝则学盛而艺衰，物莫能两大，亦自然之势也。（《东山杂记》）

物莫能两大，事鲜能两全。盛衰之理，多寡之别，有无之辩，皆缘于此。抓大放小，取重弃轻，不求全责备，不吹毛求疵，于“得”与“舍”之间抉择，才能有得有舍，因舍而得。

有无相对

夫以人生之无常，而知识之不可恃，安知吾人之所谓有非所谓真有者乎？则自其反而言之，又安知吾人之所谓无非所谓真无者乎？即真无矣，而使吾人自空乏与满足、希望与恐怖之中出，而获永远息肩之所，不犹愈于世之所谓有者乎！然则吾人之畏无也，与小儿之畏暗黑何以异？自已解脱者观之，安知解脱之后，山川之美，日月之华，不有过于今日之世界者乎？（《〈红楼梦〉评论》）

自满足，虽无亦有；自空乏，虽有亦无。不义之财、不安之富、不爱之人、不仁之事，虽有亦不如无，虽无亦胜于有。有无相对，贵在息肩。“息肩”者，卸去肩头之重负，安眠于心安处。

饮鸩止渴

吾人欲以眩惑之快乐，医人世之苦痛，是犹欲航断港而至海，入幽谷而求明，岂徒无益，而又增之。则岂不以其不能使人忘生活之欲，及此欲与物之关系，而反鼓舞之也哉！（《〈红楼梦〉评论》）

一个人在烦恼之时，应该有勇气推开酒杯，这才是真正的勇敢。以酒杯慰藉失落，犹如饮鸩止渴。暂时的解脱，只是对问题的逃避。人终要活在阳光下，暂时的解脱无法支撑从黑夜到白昼的漫长旅程。

人生无非一连串的选择

（《水经注》原文）渠水又东径田丰祠北。袁本初惭不纳其言，害之。时人嘉其诚谋，无辜见戮，故立祠于是，用表袁氏覆灭之宜矣。

（王国维注文）《魏志》云：建安五年，太祖东征刘备。田丰说绍袭其后，绍以子疾不许。丰举杖击地曰："遭难遇之机，而以婴儿之疾失其会，惜哉！"绍后进军黎阳，田丰又说绍曰："曹公善用兵，变化无方，众虽少，未可轻也，不如以久持之。"绍不从，以为沮众，械系之。及绍战败，曰："吾不用田丰言，果为所笑。"遂杀之。（《水经注校注》卷下）

袁本初，即袁绍。袁绍因"婴儿之疾"而贻误战机，终至兵败。事物有大有小，不能尽得，取其要而择之。

快刀斩乱麻

《太平御览》引谢承《后汉书》：方储为郎中，上嘉其才，以乱丝付储使理。储拔佩刀而断之，对曰："反经任势，临事宜然。"案《北齐书·文宣纪》：高祖尝试观诸子意识，各使治乱丝，帝独抽刀斩之，曰："乱者须斩。"高祖是之。二事正同。（《二牖轩随录》）

卡夫卡《致马克斯·勃罗德》中说："我躺下了，由于在往日的千种小事上半喜半疑，因而十分疲倦。"面对琐事，快刀斩乱麻，也许是一种明智的抉择。不要陷在琐事的泥潭中，否则将永无安宁之日。

第二章 家庭与教育

对乡土，我们深怀眷念；对家族，我们休戚与共；对父母，我们以孝事亲；对兄弟，我们以和为贵；对爱人，我们追求灵魂的伴侣；对子女，我们应该养而教之。这是我们的职责，人生最重要的职责。

孝是一种归乡的情绪

至荀子反对孟子之说而唱性恶论……然又以三年之丧为称情而立文，曰："凡生乎天地之间者，有血气之属，必有知；有知之属，莫不爱其类。今夫大鸟兽，则失亡其群匹，越月逾时，则必反沿，遇故乡则必徘徊焉，鸣号焉，踯躅焉，踟蹰焉，然后能去之也。小者是燕爵，犹有啁噍之顷焉，然后能去之。故有血气之属，莫知于人，故人之于亲也，至死无穷。"（《论性》）

东汉许慎《说文解字》释"孝"曰："孝，善事父母者。"汉字"孝"小篆体，上"老"下"子"，意谓子女在下、父母在上，子女要顺承父母。这犹如"羔羊跪乳"之形貌。孝心，本乎天然，萌于血气，虫鱼、走兽、草木、山河，皆被灌注。孝心不独对父母，对乡土、家族等皆如是。孝是一种归乡的情绪。

出乡

夫入非桑梓之地，出非游宦之所；内则无父老子弟谈宴之乐，外则乏名山大川奇伟之观。唯友朋文字之往复，差便于居乡。然当春秋佳日，命俦啸侣，促坐分笺，壹握为笑，伤时怨生、追往悲来之意，往往见于言表。是诚无所乐于斯土，而顾沈冥而不反者，盖风俗人心之变，由都邑而乡聚。居乡者虑有所掣曳，不能安其身与心，故隐忍而出此也。（《疆村校词图序》）

卡夫卡在《致蒂勒·勒斯勒尔》中写道：“有些人，只有外出旅行，才能找到家的感觉。”我们离开故乡，只是为了追寻故乡所没有的东西。而在出乡的路上，恰如卡夫卡《城堡》所说，“我为了来这里，不得不牺牲家乡的一些东西”，比如父老子弟的相聚欢谈，比如故乡的草木溪流。得与失，求取与回归，这便是真实的人生。

思乡

洛思山

案：《嘉泰志》："洛思山在县东四十三里。《舆地志》云：永兴县洛思山，先是，洛下人随朱隽来会稽，三年不得返，乃登山北顾而叹。或云，隽遭母丧，止葬此山，请洛下图墓师相地。师去乡既久，目极千里，北望京洛，号呼而绝，因葬山顶，故以为名。"（《乾隆浙江通志考异残稿》）

佛林国：或有俘在诸国，守死不改乡风。（《古行记四种校录·杜环经行记》）

候马亭：汉武帝闻大宛有天马，遣李广利伐之，始得此马。胡马感北风之思，遂顿羁绝绊，骧首而驰，晨发京城，食时至敦煌北塞外，长鸣而去，因名其处"候马亭"。（《两汉魏晋乡亭考·水经注乡亭》）

思乡，辑录三条。其一恰与宋李觏《乡思》“人言落日是天涯，望极天涯不见家。已恨碧山相阻隔，碧山还被暮云遮”同。其二恰与唐贺知章《回乡偶书》“乡音无改鬓毛衰”同。其三恰与战国屈原《九章·涉江》“鸟飞反故乡兮，狐死必首丘”同。思乡，古今一也；乡愁，内心深处最深沉的情感。

归乡

> 疆村者，在苕水之滨，浮玉之麓，先生之故里也……上古群神之所守，五湖四水，拥抱其域，山川清美，古之词人张子同、子野、叶少蕴、姜尧章、周公谨之伦，胥卜居于是，千秋万岁后，其魂魄犹可招而复也。先生少长于是，垂老而不得归，遭遇世变，唯以填词、刊词自遣，盖不独视古之乡先生矜式游燕于其乡者如天上人，即求如乐天、永叔诸先生退休之乐，亦不可复得。宜其为斯图以见意也。夫有乡而不得归者，今日士大夫之所同也。而为图以见意，自先生始。（《疆村校词图序》）

归乡的路程，是如此遥远而漫长。归乡，是一种华丽的奢侈。有多少人，一生都行走在归乡的路上！于右任作于1964年的《望大陆》云："葬我于高山之上兮，望我故乡；故乡不可见兮，永不能忘。葬我于高山之上兮，望我大陆；大陆不可见兮，只有痛哭。"德国诗人荷尔德林《故乡》云："正如船夫带着他的收获，从遥远的岛屿快乐地返回恬静的河边，我会回到故乡的。”我们有多少人怀揣着归乡的梦，却走在离乡的路上！我们有多少人，只能在唏嘘中，“虚拟那几可乱真的/还乡的悲喜！”（罗智成《梦中村落》）归乡，归乡，只有痛哭，只有痛哭。

异乡听雨

今雨相看非旧雨，故乡罕乐况他乡，人间何地著疏狂。（《浣溪沙》）

隔座听歌人似玉，六街归骑月如霜，客中行乐只寻常。（《浣溪沙》）

台湾诗人余光中《听听那冷雨》中写道：“二十五年，没有受故乡白雨的祝福，或许发上下一点白霜是一种变相的自我补偿吧。一位英雄，经得起多少次雨季？他的额头是水成岩削成还是火成岩？他的心底究竟有多厚的苔藓？厦门街的雨巷走了二十年，与记忆等长，一座无瓦的公寓在巷底等他，一盏灯在楼上的雨窗子里，等他回去，向晚餐后的沉思冥想去整理青苔深深的记忆。”文中描绘了一个游子他乡听雨的场景。人在异乡听雨，“今雨相看非旧雨”，故乡的雨是否带着家乡的气息、带着离家时父母的叮咛，辗转落在异乡的土地上，仿若“一滴湿漓漓的灵魂，在窗外喊谁？”（《听听那冷雨》）

建筑是有温度的

我国家族之制，古矣。一家之中有父子，有兄弟，而父子、兄弟又各有其匹偶焉。即就一男子言，其贵者有一妻焉，有若干妾焉。一家之人，断非一室所能容，而堂与房又非可居之地也。故穴居野处时，其情况余不敢知，其既为宫室也，必使一家之人所居之室相距至近，而后情足以相亲焉，功足以相助焉。然欲诸室相接，非四阿之屋不可。四阿者，四栋也。为四栋之屋，使其堂各向东西南北，于外则四堂。后之四室，亦自向东西南北而凑于中庭矣。此置室最近之法，最利于用，而亦足以为观美。（《明堂庙寝通考》）

建筑不是冰冷的材料，而是人性在空间中展开自我。印度诗圣泰戈尔惊喜于泰姬陵建筑的美丽及其背后的真挚爱情故事，深情地写道："只有这一颗眼泪，泰姬陵，在岁月长河的流淌里，光彩夺目。"建筑背后有爱情，有亲情，有友情。四合院，中国的特色建筑，其背后寄寓着中国人对幸福、和睦、富裕、平安的向往和追求。建筑是有温度的，充满温馨的家是最好的建筑。

储蓄以备将来

看来此亏空数月间不易弥补，亦尚须稍有储藏以为后备。（《致罗振玉》）

我辈皆老，而令嫒来日方长，正需储此款以作预备，此及海关发此款之本意，此中外古今人心所同，恐质之路人无不以此为然者也。（《致罗振玉》）

《后汉书·章帝纪》云："节用储蓄，以备凶灾。"储蓄，对于一个家庭来说尤为重要。买房，买车，父母之养老，子女之教育，亲属之救济，友朋之酬应，所需钱财处不胜枚举。储蓄以备将来，将来才会过得充实而有意义。

修身，从孝、友开始

殷人之刑唯“寇攘奸宄”，而周人之刑则并及“不孝不友”，故曰“唯吊兹，不于我政人得罪”，又曰“乃其速由文王作罚”，其重“民彝”也如此。是周制刑之意，亦本于德治、礼治之大经。其所以致太平与刑措者，盖可睹矣。（《殷周制度论》）

周承商旧制而自有新创，其将“不孝不友”列入刑则之范畴，其目的“本于德治、礼治之大经”。《礼记·大学》云：“古之欲明明德于天下者，先治其国；欲治其国者，先齐其家；欲齐其家者，先修其身。”修身始于孝，始于友。试想，一个不孝敬父母的人，又怎么会忠于朋友呢？一个连家庭都治理不好的人，又怎能管理好一个国家呢？修身，从孝、友开始。

敬在其中

又案：公官为太史令，《自序》具有明文。然全书中自称及称其父谈，皆曰“太史公”。其称父为公者，颜师古及司马贞均谓迁自尊其父，称之曰公。（《太史公行年考》）

卡夫卡说：“话语是生与死之间的抉择。”（古斯塔夫·雅诺施《谈话录》）语言，是灵魂的声音。尊父为“公”，孝在其中矣。与父母交谈，与长辈交谈，与长兄交谈，要有尊敬之心，要孝在其中，敬在其中。

父母在，不远游

徐公，建安人，弱冠登进士第，以亲老不调者十余年。（《两浙古刊本考》卷下）

《论语·里仁》云：“父母在，不远游。”意思是说，父母健在的时候，尽量不要出门远游。远游则离家，离家则不能孝敬父母。现代社会，“远游”成了谋生的必然，但人可远游，心则不可。一番心意当如清风明月，常伴父母左右。

人而无孝，不知其可

《乐府杂录鼓架部》条：钵头，昔有人父为虎所伤，遂上山寻其父尸。山有八折，故曲八叠。戏者被发素衣，面作啼，盖遭丧之状也。（《宋元戏曲史》）

唐墓山

案：《淳祐志》云：在孝女南乡，高十五丈，周回八里。故老相传云："昔有孝女唐丑娘，年十二三，母病笃，因取肝救母病愈，而丑娘以疮口入风而亡。里人美其孝，故以唐墓名其山。"（《乾隆浙江通志考异残稿》）

《孝经》云："天地之性，人为贵。人之行，莫大于孝。"司马迁《史记·屈原贾生列传》云："夫天者，人之始也；父母者，人之本也。"此二句，皆道出了"孝"的重要性。人而无孝，不知其可！

父亲劈柴，儿子担柴

《太平金镜策》三卷（每半页有十三行，行二十五字），元刊本。后有孙子潇手跋云：“是书向藏张子和家，予与渊如前辈兄观于小嫏嬛福地。子和下世，中郎书籍散为烟云，是书得归蒋伯生明府。”（《罗振玉藏书目录》下卷）

《逸周书》十卷，陈仲鱼手跋：纵观前辈，风流可挹，惜其遗书多不能保，新桥第宅半属他人。（《传书堂藏善本书志》卷上）

《带存堂集》诗七卷、文十卷：题越北退夫曹度撰。……曹叔则先生浯溪人，明度，明末诸生。……叔则著述甚多，其子某君以其中多涉时事，扃锁一箧，有求观者概拒绝之，日久半饱鼠鱼之腹，最后乃付之一炬云。（《罗振玉藏书目录》下卷）

《韩文》四十卷、《韩文外集》十卷、《传》一卷、

《遗文》一卷、《柳文》四十三卷、《别集》二卷、《外集》二卷、《附录》一卷(校明刊本)

叶石君手跋:闽中以先生藏书名印流在他家为耻,故子孙于其书籍售人之际,必先挖去祖宗名号印识。(《传书堂藏善本书志》卷下)

故孟苹所得先世遗书,虽经兵火转徙之后,尚不下百种。然以视其所自搜集者,劣足当其百分之一。顾取先人旧额,以"传书"名其堂。余谓为子孙者如孟苹,始可谓之能传书矣。余闻之"百围之木,必生于堂密;寻丈之鱼,不产于潢污。"西吴藏书,盖有端绪。……一家之泽,犹一乡也。若孟苹者,生于藏书之乡,又生于藏书之家,其于经籍,心好之而力赴之,固非偶然。是故书有存亡,唯此传书之精神,则历千载而不亡。(《传书堂记》)

王国维《二牖轩随录》云:"畇畇先畴,巍巍遗构,高曾之所耕获,祖父之所经营,绵延不替,施于今日,保世滋大,责在后人。"高曾、祖父之事业,多靠后人承继，不唯传书，他事亦然。传之不当，或“散为烟云”，或“半属他人”，或“付之一炬”，或“售人之际，必先挖去祖宗名号印识”；传之得当，则“历千载而不亡”，而其所传，不唯财物，更在于“精神”。唐白居易《唐故潮州长城县令博陵崔府君神道碑铭》云：“大丈夫贮蓄材术，树置功利，镃基富贵，焯耀家邦，不当其身，而得于后；父析子荷，相去几何？”“父析子荷”，意为父亲劈柴，儿子担柴，比喻子孙要继承父辈未竟之事业。人生之事业，传之于后世，择人承继为第一关节处。

只有长幼，无分贵贱

殷人兄弟无贵贱之别也。有商一代，二十九帝中以弟继兄者殆半，其兄弟之未立而殂者，亦以先王之礼祀之。盖殷人兄弟唯以长幼之次为嗣位先后之次，不以是为贵贱也。文王不立伯邑考子而立武王，与武王崩而周公摄政，亦用殷制。立子之法，盖自周公反政成王始，遂为百世定制矣。（《殷卜辞中所见先公先王考》）

无论你是权贵还是富绅，无论你是贩夫走卒还是阶下囚徒，我们都是以游子的身份返乡、以子女的身份看望父母、以兄弟姐妹的身份拜访兄弟姐妹。一个人归家的姿态，取决于他对待亲人的态度。在家中，只有亲人，只有子女；在家中，只有长幼，没有贵贱。

以和为贵

（《水经注》原文）昔太山吴伯武少孤，与弟文章相失二十余年，遇于县市，文章欲殴伯武，心神悲恸，因相寻问，乃兄弟也。

（王国维注文）《风俗通》云：泰山吴文章，少与兄伯武相失，二十年后会下邳市，争斗，伯武殴之，文章不忍报，更相借问，乃亲兄也。文章后官陈留太守。（《水经注校注》卷下）

吴文章与兄长争斗于市，吴文章以和为贵，二人相认，终为兄弟。和者，为兄弟；不和者，为仇雠。以和为贵，不唯家中，在社会中亦如此。与人为善，则陌生人亦是亲人；以邻为壑，则亲人亦形同陌路。

琴瑟和鸣

《苏东坡诗集注》三十二卷（评阅本）

严思庵手跋：吴门一人家有妻子而极贫，除夕破衣冒雪出门借贷，莫有应者，怅然而归。过一富贾之门，见有人门首凿银，若有物触其身者。归家垂首太息，湿衣淋漓，妻提其衣，破缝中银半锭坠地，诘所从来，茫然不知也。妻疑其盗，正色责之，其人指天自白，既而思之，此岂富贾之所遗乎？向者若有物触我。妻令还之，其人有难色。妻曰："彼家除夕失银，非鞭挞即咒诅，我心何安？我穷命也，岂可利人之灾以苟活乎？"其人如言往，则门已闭矣。扣而告之以其故，富人熟视其人曰："君当于此过除夕。"其人曰："我饱而妻饥，我不忍也。"富人曰："我已计之矣。"即以钱、米馈其家，妻不受，曰："此奚为来哉？"意即向者之银所易也。富仆具其实，乃受之。其人遂留饮。富人曰："君有子，新正三日可偕来过我饭，勿爽约。"至三日往，富人曰："君之子甚佳，异日必成立。况君信义如此，决非长贫贱者。我有弱女，愿为君子配。此店中五千金，即以授吾婿，君可迁居于此矣。”出管钥付其人而去。严子曰：富人固贤矣，乃窭人之妻则真烈女也，虽古介节之士不能过也。因其妻而知其人，盖亦贤者也。士有不耻非议而志于苟得者，独何为也耶？（《传书堂藏善本书志》卷下）

《易·系辞上》：“方以类聚，人以群分。”夫妻琴瑟和鸣，乃灵魂之契合。《诗·大雅·卷阿》：“凤凰鸣矣，于彼高冈。梧桐生矣，于彼朝阳。”凤凰择梧桐而栖，梧桐非凤凰不落。夫妻之道，志同道合者，方能偕老。

为爱而嫁

汝弟妇已于二十二日返沪，现在言动与无病时无异。其病自始至终我家绝不见其有精神错乱之征兆，而其母家动辄云之。……我意此种人平素必抱嫁后如何享福安逸之观念，比至我家，见汝母等均须自己操作，已为不快，又家中无赌具，汝母亦不出游览。因之作为此状，其父母以为真病，则计益自得矣。复从此次观之，其非精神病固为可喜，而心事如此，则更可忧耳。（《致王潜明》）

时下人心，总以为“学得好不如长得好，长得好不如嫁得好”，视婚姻为市场投机。古人有诗云“侯门一入深如海，从此萧郎是路人”，言尽嫁入豪门之苦痛；今人则“非豪门不嫁”，言尽嫁入豪门之执着。作家老舍在《二马》中写道：“婚姻是爱的结束，也是爱的尝试，也是爱的起头！”结束也罢，尝试也罢，起头也罢，总是不离于“爱”。

平生欢笑，未可轻许

柳永《乐章集》卷中“法曲第二”：青翼传情，香径偷期，自觉当初草草。未省同衾枕，便轻许相将，平生欢笑。怎生人间好事到头少，漫悔懊。

细追思，恨从前容易，致得恩爱成烦恼。心下事千种，尽凭音耗。以此萦牵，等伊来、自家向道。洎相见，喜欢存问，又还忘了。（《唐宋大曲考》）

此之谓“心不轻许，人不多爱”。

遇人不淑

如“不淑”一语，其本意谓“不善”也。……是“如何不淑”者，古之成语，于吊死、唁生皆用之。《诗·鄘风》“子之不淑，云如之何”，正用此语。意谓宣姜本宜与君子偕老，而宣公先卒，则“子之不淑，云如之何”矣。不斥宣姜之失德，而但言其遭际之不幸，亦诗人之厚也。《王风》“遇人不淑”，亦犹言遇人之艰难，不责其夫之见弃，而但言其遭际之不幸，亦诗人之厚也。（《与友人论诗书中成语书》）

宣姜本宣公妻，却喜欢宣公的儿子太子伋，可谓失德。《诗经·王风·中谷有蓷》曰：“有女仳离，嘅其叹矣。嘅其叹矣，遇人之艰难矣。……有女仳离，条其啸矣。条其啸矣，遇人之不淑矣。”“仳离”，妇女被夫家抛弃逐出。该诗描写了妇女被逐出家庭后的怨恨之情。《毛诗序》认为“夫妇日以衰薄，凶年饥馑，室家相弃尔”，将妇人被弃原因归咎于“遭际之不幸”。此二者皆诗人之厚也。诗人将爱情中“遇人不淑”的原因归结为非人为的因素，可为今天的分手者提供借鉴。恋爱散场，不怨恨，不生报复心，亦恋人之厚也。

父母之教

《地理新书·序》：父母之于子，推燥湿以养，又教以水溺、火焚、矛戟、虎豹、蛇龟之能害人，丁宁反复，然后知而避之。人识父母之于己，生而养之也；不识安而全之者，父母之教也。人之于父母，知其大而遗其细，知择福而不知避害。（《五代两宋监本考》卷中）

男子字曰“某父”，女子曰“某母”，盖男子之美称莫过于“父”，女子之美称莫过于“母”。男女既冠笄，有为父母之道，故以“某父”“某母”字之也。（《女字说》）

明归有光《招张贞女辞》云：“父母恩勤，养我身兮。”此即为人父母第一要义。又王国维《教育学》说：“斯迈尔斯曰：‘贤良之母，一家之磁石。’母之占教育上重要之位置，以是可知。”父母是孩子的第一任教师，不唯生而养之，亦应教而育之，安而全之，“教以水溺、火焚、矛戟、虎豹、蛇龟之能害人，丁宁反复，然后知而避之”，父母之责也。父为山，母为海，在他们的怀抱中，子女才能安然入睡，茁壮成长。

教育是一种引导

附言：博士休曼说，德国语之哀尔栖亨（Erziehen）即教育之字义如左：

一、哀尔栖亨有“导之向上”之义，即导儿童之身心，使完全其作用，以达一定之目的者也。约言之，则导儿童使向成人，而终为成人者也。

二、哀尔栖亨又有“引去”之意，即引去儿童身心上不宜之抵抗是也。此等抵抗之原因，由于外界之事情及心身之薄弱，或生而有不善之禀性者也。（《教育学》）

教育所不可缺之资格，成人也，即须以身心成熟而于社会上处独立之地位者为之。（《教育学》）

教育的本意是，去除儿童身心之薄弱，导以完善人格，使其成人，以独立应对社会。教育，是儿童通达成人、适应社会之途径，是人性完善、社会和谐之桥梁。教育，人之本，家之本，亦是社会之本。

教育之目的（一）

然从佛兰利希之折衷主义者……其言曰：

以道德为教育之最高目的固自无误，然以此为唯一之目的，则极端之说也。身体及知识不但为道德之方便，其自身有独立之价值，明矣。

盖人有身心二面，而心意中又有知识、感情、意志等种种之现象，故唯以其一部分为教育之目的，不可谓之妥也。道德者，人之所以为人之要点，教育之力，不可不专注于此，而视为最高之目的。然他部分亦人之所以为人之一成分，故不可不加之于目的中也。

再细察教育之目的，即离人类一般之目的，而自特别之事情观之。第一，不可不考察本国之国体及历史，而以养成适于国体之良国民为目的。第二，不可不依一个人之天禀而斟酌其目的，然天禀必非限其将来之发达，又非教育者所能精密预知之。故若太泥于特别之事情，反有害儿童之发达也。（《教育学》）

培养一个有道德的人，培养一个合格的公民，培养一个能充分发挥自身能力的人，如此三管齐下，教育才能成就完善之人，教育才是完备之教育。

教育之目的（二）

欲深解教育之目的，不可不就古来所有反对之教育主义说明之。

一、理想主义与实利主义。理想主义者，不注意于儿童将来所从事，而唯以养成善良之人物为目的。此主义高尚教育之目的，又使教育之事业不局促于实用之范围内，然过重此主义而不顾其他，遂养成不适于实际之人物。实利主义，则教育儿童而使成有用之世俗的人物，即其目的不在理想而在实用也。近时所称道之实业教育，亦属此主义。欲使教育着实及增进国之富源，固当依此主义，然失之太过，往往害儿童之自然。（《教育学》）

理想主义教育导向绝对道德，却失之于脱离社会，多使受教者无力应对错综复杂的生存环境；实利主义教育导向实用功利，却失之于缺乏灵性的培养，多使受教者成为谋生之工具，而无灵魂之追求。两者互济，才可能成就完备的教育。

活到老，学到老

教育当以何时终乎？有意之教育，非终身所必要，故教育当逮儿童之达成人，即二十四五岁为止。此后虽非无要教授、劝戒之处，然固有之教育已不可施之。盖成人以后，当使独立而各自教育者，以继续其自己之教育。若踰自然之限制而干涉之，反捐其独立之性质也。（《教育学》）

“有意之教育”即学校之教育，当止则止；自我之教育即人终生之事业，“活到老，学到老”，时刻行走在成长的路上。

师傅的担当

然则今之言教育者，宜其如何讲求陶冶意志之道乎？然教育家中其有强毅之意志者有几？《诗》曰："螟蛉有子，蜾蠃负之。教诲尔子，式谷似之。"此大可为社会前途虑者也。（《教育小言十则》）

《诗》曰："螟蛉有子，蜾蠃负之。教诲尔子，式谷似之。"古人认为，蜾蠃（蜂之一种）有雄无雌，无法繁育后代，于是就将螟蛉（昆虫之一种）幼虫衔回巢内，加以抚育。师者，以学生为子弟；学生者，"一日为师，终身为父"（《太公家教》）。师徒犹如父子，此施教与受教者之完美关系。

养成品性

欲望若但望某事物而未有达之手段，则唯谓之欲望而已。然若信有成就之手段而欲实行之，名之曰意志。意志若依同一之主义而前后不相矛盾时，谓之曰品性。养成善良之品性，教育最高之务也。（《教育学》）

人有欲望，有实现欲望的方法和手段，在运用方法和手段的过程中，能遵循道德律令和自我制定的原则，持恒不变，此之谓“品性”。

触及灵魂的改变

故我国人之嗜鸦片也，有心理的必然性，与西人之细腰、中人之缠足有美学的必然性无以异。不改服制而禁缠足，与不培养国民之趣味而禁鸦片，必不可得之数也。……夫物质的文明，取诸他国，不数十年而具矣，独至精神上之趣味，非千百年之培养与一二天才之出不及此。而言教育者不为之谋，此又愚所大惑不解者也。（《教育偶感四则》）

要想培育一个善良的人，第一件事是去除他心中恶的种子。教育的本质是精神的培育，而精神的培育，个人及民族之魂魄的养成，非一时一地之力。所谓“十年树木，百年树人”，又所谓“人类灵魂的工程师”，皆教育之功用与目的。

知行合一之教

所谓德性不可教者，此之谓也。故真正之善，必不自抽象的知识出，而但出于直观的知识。唯超越个物化之原理，而视己与人皆同一之意志之发现，而不容厚此而薄彼，此知识不得由思索而失之，亦不能由思索得之。且此知识以非抽象的知识，故不能得于他人，而唯由自己之直观得之。故其完全之发现，不由言语，而唯由动作。正义、博爱、解脱之诸德，皆由此起也。

……

然则叔氏之所谓德性不可教者，非真不可教也，但不可以抽象的知识导之使为善耳。（《叔本华之哲学及其教育学说》）

南宋陆游《冬夜读书示子聿》云："纸上得来终觉浅，绝知此事要躬行。"道德是一种生活的实践，强调"知行合一"。

性相近，习相远

幼年时习惯之范围甚狭，且有形的也。及其生长，其范围渐广，且其性质亦渐高尚。即其初使其起卧、饮食、运动等有一定之秩序，及有整理器物之习惯；进而养成其清洁、精勤、节制等之习惯；更进而使有诚实、好意、顺从、沉着等之习惯。而养成善习时，一面又当去其恶习。去恶习比之养善习更难，故当于渐染未深之际早处置之。（《教育学》）

此之谓性相近，习相远。

身教重于言传

灾而列而揭为教育者第一之要件如次：曰“教育者于其所望于儿童者，不可不自践之；其使儿童为之者，不可不自为之”。此可谓以一语道破教育者之资格者也。苟欲使他人善良，自己不可不先为善良之人物。（《教育学》）

儿童模仿力极强。见其所尊敬亲爱之人行为，则己欲为之。示例者以善行示之于目前，其确实非喋喋施训戒之比。且命令、劝告等，非儿童稍生长而解事物之后，不能施之。示例则不然。自襁褓之中，己不识不知，而与以强大之感化。罗马哲人珊奈揩论示例曰：“言语教之，示例破之。依教训久长而少功，依示例短而有效。”此之谓也。（《教育学》）

教育者要表里如一，要言行一致。教育者自己都不相信、不实行的东西，又怎么能强迫受教者接受呢！所以，为人父母者，当以身作则。这当然是身教的题中应有之义。但再深入一层，所谓身教，除了率先垂范，还应使受教者自为，方得真感受。人只有真切感受过痛之后，才能深味痛的苦楚，才能不以痛伤己、伤人。所以，父母不要代替子女承担罪过，有些伤害，是子女必须承受的。这是他们的成长所需要付出的代价。

平等交流更具教育价值

言语依儿童之年龄性质，及一时之情事，而变其形式者也。对幼年之儿童，多用命令、许可、禁止等。对年稍长者，则以劝告、戒谕为主。（《教育学》）

及儿童稍长，渐辨事理，则当少用命令而代之以劝告，以使儿童达道德上之自由。劝告者，让儿童之意志自思虑之而自决定之，以向于道义者也。

若用劝告之法而戒某行为之不可为时，谓之戒谕。劝告及戒谕，其判决任诸儿童，故比之命令及许可、非拒等，更有教育上之价值。然于儿童之意志未坚，知识未广时施之，反害道德之发达。（《教育学》）

夫行为之结果，以儿童自发见之、自经验之为良。（《教育学》）

看护之必要虽如右，然行之过度，则害儿童独立心之发达，且伴以种种之弊害。（《教育学》）

专制的种子结不出独立与自由。

赞美的艺术

承认者，不必限于成功之行为。虽稍有缺点而未尽成功者，若对其善意而承认之，而使知有成功之望，则自起兴味。且示其意见之与儿童一致，大足以唤起儿童之热心。儿童若如何用力而不能得教育者之满足，则其热心为之痿痺，而教育失其生气。然教育者之表其满足时，不必用称扬之词，但用“可也”“是也”等简单之语，或由颜色、音调首肯等，以表其意足也。称扬过甚，则使儿童生骄慢之心，非无弊也。又教师对一二生徒称扬，不可不节之。不然则生他生徒之猜忌心，或疑教师之偏颇。要之，与他生比较而称扬一生，或非难之，皆教育上所禁也。（《教育学》）

莎士比亚《冬天的故事》写道：“对一件功劳不加赞扬可能消沉了以后再做一千件的兴致，褒奖便是我们的酬报。一回的鞭策还不曾使马儿走过了一亩地，温柔的一吻早已使它驰过百里。”

赏与

一、赏与之目的

教育的赏与，乃使儿童之为善行者，起喜悦之念，使益进而为善行者也。夫于教育上所当养成之德行，在使儿童不问赏与之有无，而为所当尽之义务。故与世间一般之赏与稍异，即与其谓之赏与，谓之表教员满足之标征为适当也。则夫预悬赏而买儿童之顺从者，固非赏与之本旨。（《教育学》）

三、赏与之性质及分量

赏与之性质，以自然为贵。即须与行为之种类相应，而使儿童思为自然之结果。例如勤读之后，许以休息及游戏。诚实之人，与以信用是也。儿童渐长，赏与之种类亦当渐用精神上之物，如书籍及赏牌是也。赏与之教育的价值，非必依品物之良否，若授者与受者之间，充以亲爱之情，则琐末之物，反优于高价之物。（《教育学》）

赏与是父母鼓励子女常用的方法。其一，赏与有故，其目的在于使儿童明白，付出才能收获，善良才能受人尊敬，诚实才能收获诚信。其二，赏与有度，不可过甚，否则便使儿童生出不当得而得之贪心。其三，赏与有情，赏与乃亲情之表征，不以物之贵贱，但以情之深浅为重。其四，赏与之最高目的恰恰在于促使孩子不为赏与而行动。父母固常赏与子女，然其背后深意，不可不究。

课罚

课罚之要件：

（二）儿童若有过失或不德之行，教育者当先自反省，而求其过失之原因，思量自己有致此过失之责任否乎。

（三）课罚者当自修养其自制、温和、忍耐诸德，不然，则有乱用课罚之弊。

（四）课罚唯加于道德上之过失。

……

（六）课罚之种类，当与其所犯之罪相应，例如罚虚言以不信用是也。

（七）课罚当依儿童之性质而加以多少之斟酌，然不可使他儿童有不公平之感。

（八）课罚当以熟考、自制、公平、热心及亲爱之情行之。（《教育学》）

课罚也是父母和教育者常用之手段。上述诸种课罚之要件，今日行之，仍不过时。

第三章 他人与社会

当人关上家门的那一刻，他来到了一个崭新的世界——充斥着他人的社会。

他试图理解别人，也试图让别人理解自己；他与人争辩，更与人抢夺；他只看见别人眼中的刺，恰如别人也只看见他眼中的梁木；他试图改变环境，或者被环境改变；他正道直行，他投机取巧。在这个舞台上，他摔打着别人，也被别人摔打着；他试图战胜世界，却总是被世界轻而易举地击得粉碎。他从跌倒的地方爬起来，痛定思痛，最终，他学会了，只有用爱、信任、温情、正直、宽容、奋斗、分享等，他才能得到他想要的东西，他才能找到他关上家门那一刻所要追寻的答案。

言为心声

夫言语者，代表国民之思想者也。思想之精粗广狭，视言语之精粗广狭以为准，观其言语，而其国民之思想可知矣。（《论新学语之输入》）

语言是思想的习惯，也是文明的标杆。涵养精神，当从语言做起。

日行一善

多桑书云：成吉思之法，春夏浴流水者处以死刑。一日，察哈台与窝阔台出猎，见一回人方浴，察哈台欲斩之。窝阔台窃投金钱于河，教之曰："汝但言入水求钱，则可赦矣。"（《长春真人西游记校注》卷下）

以一言而救一人，善在其中。善恶存于人心，显于日用伦常。扶人过马路是善，不乱扔垃圾亦是善。日行一善，则终将善行天下。

和而不同

今吾人对一事物，虽互相反对之议论，皆得持之而有故，言之而成理，则其事物必非吾人所能知者也。“二加二为四”，“二点之间只可引一直线”，无论何人，未有能反对之者也。因果之相嬗，质力之不灭，无论何人，未有能反对之者也。数学及物理学之所以为最确实之知识者，岂不以此矣乎？今孟子之言曰：“人之性善。”荀子之言曰：“人之性恶。”二者皆互相反对之说也，然皆持之而有故，言之而成理。（《论性》）

客观知识，可经实证检验，正确与否，一目了然；主观知识，则常常“人以自是，反以相诽”（《吕氏春秋·察今》），每个人都认为自己的观点正确，同时去攻击别人的观点。主观知识，凡“持之而有故，言之而成理，则其事物必非吾人所能知者也”，故观点有不同，而无对错。不以“对错”看待“不同”，持“和而不同”之理念，是一种美德。

何苦虚争空言

《魏志·杜夔传》注引：马先生，天下之名巧也。少而游豫，不自知其为巧也。……先生为给事中，与常侍高堂隆、骁骑将军秦朗争论于朝，言及指南车。二子谓古无指南车，记言之虚也。先生曰："古有之，未之思耳，夫何远之有！"二子哂之曰："先生名钧，字德衡，钧者器之模，而衡者所以定物之轻重，轻重无准而莫不模哉！"先生曰："虚争空言，不如试之易效也。"于是二子遂以白明帝，诏先生作之，而指南车成。（《汉魏博士题名考》）

实践是检验真理的标准。与其"虚争空言，不如试之易效也"。要到达目的地，不能只靠天马行空，还得脚踏实地。所有的梦想都需要行动来支撑。

一言之诺

孙光宪《北梦琐言》：光华中，朱朴自《毛诗》博士登庸，恃其口辩，可以立致太平。由藩邸引导，闻于昭宗，遂有此拜。对扬之日，面陈时事数条，每言："臣必为陛下致之。"洎操大柄，无所施展，自是恩泽日衰，中外腾沸。（《优语录》）

一言之诺，三岁不渝。（《二牗轩随录》）

朱朴为《毛诗》博士，常与人言，以己之才，可致天下太平。昭宗闻之，请求时策，朱朴每次都说："我一定为陛下把事情办好。"等到朱朴掌权的时候，却毫无作为，于是皇恩不再，天下议论纷纷。《论语·里仁》云："古者言之不出，耻躬不逮也。"意思是说，古人不轻易出言，是因为害怕所言之事不能施行。非言之难，而行之难也。践诺绝不是一件容易的事，故君子敏于行而讷于言，既不轻诺，亦不食言。

善纳人言

（《水经注》原文）北背大江，江上有钓台，权常极饮其上，曰：堕台醉乃已。张昭言尽处。

（王国维注文）《吴志》云：孙权于武昌，临钓台，饮酒大醉，使人以水洒群臣，曰："今日酣饮，唯醉堕台中乃止耳。"张昭正色不言，出外车中坐。权呼还，问何为怒，对曰："昔纣为糟丘酒池长夜之饮，当时亦不以为恶也。"权默然惭，遂罢酒。（《水经注校注》卷下）

孙权，承继父兄，经营江东，遂有帝王之业。宋辛弃疾《南乡子·登京口北固亭有怀》云："天下英雄谁敌手？曹刘。生子当如孙仲谋。"唐太宗，开疆拓土，励精图治，遂有"贞观之治"。唐杜甫《北征》云："煌煌太宗业，树立甚宏达。"孙仲谋、唐太宗，同为明君，善纳人言亦为其相同点。魏徵之于太宗，犹张昭之于孙权。古今成大事者，善纳人言。

九谏不从，天怒人怨

（《水经注》原文）杜伯与其友左儒仕宣王，儒无罪见害，杜伯死之，终能报恨于宣王。故成公子安五言诗曰：谁谓鬼无知，杜伯射宣王。

（王国维注文）《国语》云：周之衰也，杜伯射王于鄗。《墨子》云：周宣王杀其臣杜伯而不辜。其后三年，王合诸侯田于圃田。日中，杜伯乘白马，朱衣冠，射王中心，折脊而殪。著之《周春秋》以为警。《汲冢琐语》云：宣王之妾女鸠，欲通杜伯，杜伯不可，女鸠反诉之王，王囚杜伯于焦。杜伯之友左儒，九谏而不听，并杀之。后三年而杜伯射王。（《水经注校注》卷上）

杜伯与左儒交好。周宣王妾欲与杜伯私通，杜伯不肯，反被诬陷。左儒九谏于宣王，宣王不听，将杜伯与左儒一并杀害。三年后，周宣王和诸侯打猎，正午时分，杜伯魂魄骑白马射宣王，宣王死。

《公羊传·庄公二十四年》“三谏不从”，《汲冢琐语》“九谏而不听”，可见纳谏之难。《荀子·君道》云：“兼听齐明，则天下归之。”纳谏，才能有所得。

善对褒贬

小词呈教，乃荷揄扬踰分，君子失辞，固亦不免耶。（《致沈曾植》）

揄扬，赞扬；踰分，亦作“逾分”，逾越、超出本分。揄扬踰分，有过度赞美之意。我们对别人，或者别人对我们，难免囿于所见，有溢美或贬损之辞。语言是有情感和温度的，但是，从某种意义上说，我们并不是语言真正的主人。语言一经出口，就不再属于我们，而属于听者的耳朵。所以，善良的倾听者啊，请善对旁人的褒贬吧！

祸从口出

（《太公家教》）十言九中，不语者胜。（《敦煌发见唐朝之通俗诗及通俗小说》）

《梁书·陈伯之传》：褚緭在魏，魏人欲擢用之。魏元会，緭戏为诗曰："帽上著笼冠，袴上著朱衣，不知是今是，不知非昔非。"魏人怒，出为始平太守。（《胡服考》）

褚緭的诗句充满了对魏人的戏谑和嘲讽。魏人怒而报复。戏言犹如病酒，皆人生不良癖好。酒不可贪杯，言不可不慎。

有话好好说

谮：谗也。一云旁入曰谮也。（《重辑仓颉篇》卷下）

蚩：轻侮也，蚩笑也。（《重辑仓颉篇》卷下）

旁入曰谮。谮，说别人坏话，背后中伤。语言有自己的路径。良药苦口利于病，不管对方倾听与否，也要正大光明地表达；恶语伤人十日寒，当面讥笑侮辱，背后论人是非，无异于梁上之徒，自轻自贱。一个人的语言，也要像君子一样见得了光。

不解风情

南唐中主词："菡萏香销翠叶残，西风愁起绿波间"大有"众芳芜秽""美人迟暮"之感。乃古今独赏其"细雨梦回鸡塞远，小楼吹彻玉笙寒"，故知解人正不易得。（《人间词话》）

固哉，皋文之为词也！飞卿《菩萨蛮》、永叔《蝶恋花》、子瞻《卜算子》，皆兴到之作，有何命意？皆被皋文深文罗织。阮亭《花草蒙拾》谓："坡公命宫磨蝎，生前为王珪、舒亶辈所苦，身后又硬受此差排。"由今观之，受差排者，独一坡公已耶？（《人间词话》）

少游词境最为凄婉。至"可堪孤馆闭春寒，杜鹃声里斜阳暮"则变而凄厉矣。东坡赏其后二语，犹为皮相。（《人间词话》）

南朝宋刘义庆《世说新语》云："非但能言人不可得，正索解人亦不得。"道出了解人之不易。在和别人的交往中，我们往往误解别人，或被别人误解；我们在别人身上看到的优点，恰恰被别人视为缺点；我们也往往很难通过一个人的言谈举止而穿透皮相通达心灵。解人不易，知己难得。所以，不要轻易对人下判断，也不要轻易抛弃真正了解自己的人。

观人于微

故郑君序《诗谱》曰：欲知源流清浊之所处，则循其上下而省之；欲知风化芳臭气泽之所及，则旁行而观之。（《玉溪生诗年谱会笺序》）

《论语·为政》云："视其所以，观其所由，察其所安。人焉廋哉？人焉廋哉？"观人于微，才能排除虚伪和诱惑，找到知己。

衣冠禽兽，貌合神离

词之雅郑，在神不在貌。永叔、少游虽作艳语，终有品格。方之美成，便有淑女与倡伎之别。（《人间词话》）

东坡之旷在神，白石之旷在貌。白石如王衍口不言阿堵物，而暗中为营三窟之计，此其所以可鄙也。（《人间词话》）

罂粟花虽美，美丽的背后却暗藏着一股邪恶的力量。古人常云“人不可貌相”，然而在现实中以貌取人者比比皆是，比如爱情，比如友情。爱一个人要爱其真心，信一个人要信其灵魂。观人，须舍貌取心。心灵契合者，方为爱人，方为朋友。

此身未死，寂寞销魂

王铚《默记》载李后主之死，祸由徐铉，然铉作后主挽词二篇，乃至哀痛。其一云："倏忽千龄尽，冥茫万事空。青松洛阳陌，荒草建康宫。道德遗文在，兴衰自古同。受恩无补报，反袂泣途穷。"其二曰："土德承余烈，江南广旧恩。一朝人事变，千古信书存。哀挽周原道，铭旌郑国门。此身虽未死，寂寞已销魂。"字字血泪，与夫反颜若不相识者异矣。（《二牖轩随录》）

徐铉为南唐后主李煜旧臣，随李入宋，受宋太宗之命探视李煜，李对之叹息说："当初我错杀潘佑、李平，悔之不已。"徐铉将李的话告诉宋太宗，太宗遂杀李煜，故云"李后主之死，祸由徐铉"。然史书又多记载徐铉对李煜有赤胆忠心，盖李煜之死非徐铉之愿，故徐铉挽后主之词，甚为哀痛。孰真孰假，不可置辩。生活中，有公开的恨，也有沉默的爱，我们要用心聆听："哦，请用眼听爱的智慧发出的清响，请学会去解读沉默之爱写下的诗章。"（《莎士比亚十四行诗》）

穿凿附会，欲加之罪

周密《癸辛杂识》云："方回年登希岁，适牟献之与之同庚。其子成文与乃翁为庆，且征友朋之诗。仇仁近有句云：'姓名不入六臣传，容貌堪传九老碑。'且作方句云：'老尚留樊素，贫休比范丹。'方尝有句：'今生穷似范丹。'于是方大怒其褒牟贬己，遂摭'六臣'之语，以此比今上为朱温，必欲告官杀之。诸友皆为谢过，不从，仇遂谋之北客侯正卿。正卿访之，徐扣曰：'闻仇仁近得罪于虚谷，何邪？'方曰：'此子无礼，遂比今上为朱温。'侯笑曰：'仇亦止言六臣，今比上为朱温者，执事也。'方色变。侯遂索其诗之元本手碎之，乃已。"（《曲录》）

方回与牟献之同庚（70岁），牟献之的儿子牟成父（"成文"为误，当为成父）为其父做寿，征集诗文。仇仁近与方回、牟献之交好，其为牟献之贺诗为"姓名不入六臣传，容貌堪传九老碑"。《六臣传》是宋欧阳修《新五代史》中为唐末张文蔚等六位由唐入梁的奸佞小人所写的传记，意在讽刺官仕两朝之人；“九老碑”是指白居易及其他八位常在香山集会的有德之人。可见仇仁近对牟献之的赞美之情。仇仁近写给方回的贺诗为“老尚留樊素，贫休比范丹”。樊素，白居易晚年之家妓；范丹，东汉之高士，家道贫困而不改其节。可见，仇仁近对方回颇具讽刺意味（于磊《〈癸辛杂识〉之贺诗风波——论方回的人品及其他》一文认为此事不具真实性）。方回大怒，欲以“六臣”二字治罪仇仁近。朱温，后梁开国皇帝，牟献之由宋入元，不仕元朝，不为“六臣”，以此推之，“六臣”比于牟献之，后梁类于元朝，则当今元朝皇帝犹如后梁之皇帝。“仇遂谋之北客侯正卿”，侯正卿责备方回器小，并提醒他当心搬起石头砸了自己的脚。此事乃息。

器量偏狭而致穿凿附会，以己度人，古今一也，可侯正卿却不是每回都能在身边，今人心生恶意之前若一念及此，也许会有所收敛。

狂妄的代价

燕虏谓鞑人曰："我国如海，汝国如一掬沙，岂能动摇。"鞑人至今老幼皆能记此语。虏军臣因其陷西京，始大惊恐，乃竭国中精锐，以忽杀虎元帅统马步五十万迎击之，虏大败。又再刷山东、河北等处及随驾护卫等人马三十万，令高琪为大元帅，再败。是以鞑人迫于燕京城下。是战也，罄金虏百年兵力销折溃散殆尽，其国遂衰。后来凡围河北、山东、燕北诸州等处，虏皆不敢撄其锋。（《蒙鞑备录笺证》）

《三国志·吴志·吕蒙传》云："士别三日，即更刮目相待。"其意思是要用发展的眼光看人看事。缺点于微小处，不可轻视，否则无异于"养虎为患"；他人于贫贱时，不可轻视，否则亦难免多生嫌隙。人虽轻微，亦以常礼待之；事虽轻微，亦以常理待之。如此，方可平静做人，安稳度世。

无知者无畏

王灼《碧鸡漫志》云：吾每对之太息，诵东坡先生语曰："彼尝从事于此，然后知其难，不知者以为苟然而已。"（《〈梅苑〉跋》）

生活中，我们总是对别人的失败妄加议论，以为事情若是换自己来做，一定会做得更好。孰不闻眼高手低之古训？人不身临其境，不知其险；事不躬力亲为，不知其难。

礼尚往来

（《太公家教》）得人一牛，还人一马。往而不来，非成礼也。知恩图报，风流儒雅。（《敦煌发见唐朝之通俗诗及通俗小说》）

《礼记·曲礼上》："礼尚往来，往而不来，非礼也；来而不往，亦非礼也。"任何关怀和祝福都应该是相互的。

相亲相爱

圣人以治天下为事者也，不可不察乱之所自起。当察乱何自起，起不相爱。臣子之不孝君父，所谓乱也。子自爱，不爱父，故亏父而自利；弟自爱，不爱兄，故亏兄而自利；臣自爱，不爱君，故亏君而自利，此所谓乱也。虽父之不慈子，兄之不慈弟，君之不慈臣，此亦天下之所谓乱也。父自爱也，不爱子，故亏子而自利；兄自爱也，不爱弟，故亏弟而自利；君自爱也，不爱臣，故亏臣而自利。是何也？皆起不相爱。（《墨子·兼爱》）（《墨子之学说》）

吾不识孝子之为亲度者，亦欲人爱利其亲与？意欲人之恶贼其亲与？以说观之，即欲人之爱利其亲也。然即吾恶先从事即得此？若我先从事乎爱利人之亲，然后人报我爱利吾亲乎？意我先从事乎恶人之亲，然后人报我以爱利吾亲乎？即必吾先从事乎爱利人之亲，然后人报我以爱利吾亲也。（《墨子·兼爱》）（《墨子之学说》）

墨子每以爱与利并举，然“利”者无他，不过“爱”之结果耳。自其发于吾心者言之，则谓之“爱”，自其及于他人者言之，则谓之“利”。（《墨子之学说》）

相亲相爱，世界大同。如果说这个目标太高远，那么能否做到不随时随地随意地倾泻恨意呢？

善与人同

《孟子》曰：大舜有大焉，善与人同。舍己从人，乐取于人以为善。（《书辜氏汤生英译〈中庸〉后》）

在无关紧要处标新立异是一种可有可无的勇气。在与人相处的过程中，善与人同，乐取于人，能够使我们更好地融入集体，融入生命的同一性中。北周庾信《秋夜望单飞雁》云："失群寒雁声可怜，夜半单飞在月边。"离群的你我，是否也是一只只寒夜中声声凄婉的飞雁呢？

英雄所见略同

予于词，五代喜李后主、冯正中，而不喜《花间词》。宋喜同叔、永叔、子瞻、少游，而不喜美成。南宋只爱稼轩一人，而最恶梦窗、玉田。介存《词辨》所选词，颇多不当人意。而其论词则多独到之语。始知天下固有具眼人，非予一人之私见也。（《人间词话补遗》）

具眼人，指有眼力、能辨别事物的人。天下事理，不可独得；人之创见，亦多与人同，此古人所谓“英雄所见略同”。“始知天下固有具眼人，非予一人之私见”，此语当有益于人克服骄傲、自负之弊。

群众的眼睛是雪亮的

《萍洲可谈》卷三：杨鼎臣大夫尝为余言，绍圣间在成都见提举茶马官，以课羡赐五品衣鱼。府中开宴，俳优口号有“茶牙人赐绯”之句，当时颇怒其妄发，亦笞之。小人中有冷眼，最不可欺。（《优语录》）

课羡，赋税也；衣鱼，五品之官服，绯色，即红色。茶马官因为多收赋税而被提拔举荐，官至五品，非以其才能之大小，故俳优讽刺之，此之谓群众的眼睛是雪亮的。

廉士不耻人

（《水经注》原文）班固云：赵自邯郸徙焉。赵襄子时，佛肸以中牟叛，置鼎于庭，不与己者烹之，田英将褰裳赴鼎处也。

（王国维注文）《说苑》曰：佛肸以中牟叛，曰："与我者受邑，不与我者烹。"城北余子田基独后至，曰："义者，轩冕在前，非义不乘。"祛衣将入鼎。佛肸屦起而生之。赵简子屠中牟，论有功者，用田基为首。基曰："廉士不耻人，我如受功，则中牟之士终身惭矣。"负其母南徙于楚。（《水经注校注》卷下）

佛肸在中牟叛乱，设鼎于庭中，召集中牟有才能之士，并对众人说，从我者赏，不从我者烹。田基至，脱去衣服将入鼎中。佛肸感其气节而不杀之。赵简子平复中牟，闻田基义，想厚赏他。田基曰："廉士不耻人"，遂辞。"廉士不耻人"，即不以自己的长处使别人感到羞耻。比如走路，身材高大者可适当放宽与身材矮小者间的距离；与人争辩，当对方哑口无言、面红耳赤时，适当收敛，不再咄咄逼人。给别人留余地，保全别人的尊严，对别人来说，是不失；对自己来说，是积德。

君子不扬恶

《汉书·何武传》：太仆王音举武贤明方正，拜为谏大夫，迁扬州刺史。九江太守戴圣，《礼经》号小戴者也，行治多不法，前刺史以其大儒，优容之。及武为刺史，行部录囚徒，有所举以属郡。圣曰："后进生何知，乃欲乱人治！"皆无所决。武使从事廉得其罪，圣惧，自免。后为博士，毁武于朝廷。武闻之，终不扬其恶。（《汉魏博士题名考》）

何武为刺史，察访得知戴圣不法之罪状，戴圣害怕，自请免职。戴圣后来官居博士（官名），在朝廷上毁谤何武。何武闻之，却并不宣扬戴圣以前的不法之举，不说诋毁戴圣的话。君子不扬人恶，是一种美德。佛家常云："种善因，得善果"。《汉书·何武传》亦云："而圣子宾客为群盗，得，系庐江。圣自以子必死，武平心决之，卒得不死。自是后，圣惭服。武每奏事至京师，圣未尝不造门谢恩。"何武最终感服戴圣，德之得也！

不拂人美意，不乱己清修

若耶溪

案：《战国策》云：后汉刘宠为会稽太守，去郡，若耶父老，人赍百钱相送，为受一大钱。《十道志》云：后人因此名刘宠溪。（《乾隆浙江通志考异残稿》）

刘宠为会稽太守，卸任回京，若耶父老五六人，每人携百钱相送，刘宠仅受每人一钱。出境，过西小江，刘宠投钱于江。宋苏轼《送张嘉州》云："归来还受一大钱，好意莫违黄发叟。"刘宠仅受每人一钱，不拂却他人好意；投钱入江，守自己清廉之心。古之君子，既成全别人，又成全自己，思虑可谓周全。

直道而行，当仁不让

若云退让，则正让所不当让。以当受者而不受，又何以处不当受者？是蔑视他人人格也。蔑视他人人格，于自己人格亦复有损。（《致罗振玉》）

道德是一种生活的实践，而不是虚悬大义、刻舟求剑。

《吕氏春秋》上记载了一个关于孔子的故事。有一次，孔子的学生子路看到一个孩子掉进湍急的河里，就奋不顾身地跳下去把孩子救起来。孩子的父亲送来一头牛表示感谢，子路欣然接受。于是孔子表扬道：这下子鲁国人都该见义勇为了。另一次，孔子的学生子贡在国外赎回了落难沦为奴隶的同胞。按照鲁国的法律，子贡回国后可以向国库报销他为拯救同胞而付出的赎金，他却毫不犹豫地拒绝了。于是孔子批评道：你真是大错特错！你接受那笔报销，并不会损害你行为的价值；而你高风亮节地拒绝了，从今以后鲁国人就再也不会拯救自己的同胞了。

此亦孔子“以德报怨，何以报德？以直报怨，以德报德”之意。

举贤为天下

《后汉书·桓荣传》：建武二十八年，大会百官，诏问谁可傅太子者，群臣承望上意，皆言太子舅执金吾原鹿侯阴识可。博士张佚正色曰："今陛下立太子，为阴氏乎？为天下乎？即为阴氏，则阴侯可；为天下，则固宜用天下之贤才。"帝称善，曰："欲置傅者，以辅太子也。今博士不难正朕，况太子乎！"即拜佚为太子太傅。（《汉魏博士题名考》）

举贤为天下，则择才以德能；举贤为己利，则取才以亲疏。《礼记·礼运》："大道之行也，天下为公。"持国家之公器者，不可不慎。

忠心耿耿

（《水经注》原文）《春秋》，卫侯及翟人战于荥泽，而屠懿公，弘演报命纳肝处也。

（王国维注文）《吕氏春秋》云：狄人杀卫懿公，食之，遗其肝。弘演使返，报命肝下，自剖其腹，纳懿公之肝。（《水经注校注》卷上）

弘演是卫懿公的臣子。狄人杀卫懿公，食之，仅剩肝脏完好。弘演出使归来，对着肝脏汇报出使行状，而后剖开腹部，把卫懿公的肝脏放在自己的身体内。故事颇为血腥，但亦见古人事君之忠心。为国家忠，为朋友忠，古今一也。

正心诚意

（《太公家教》）款客不贫，古今实语。（《敦煌发见唐朝之通俗诗及通俗小说》）

古人常以为，当朋友来做客时，就要用丰盛的食物款待他。但所谓“不贫”者，不仅指食物，更多的该是情感的投入。莎士比亚《错误的喜剧》说：“酒肴即使稀少，只要主人好客，也一样可以尽欢。”款客，靠的不是食物的丰盛，而是主人的礼数、热情和真挚的待客之心。

同志曰友

此事唯先生知我，亦唯我知先生。（《致罗振玉》）

《王国维全集》中辑录王氏与罗振玉书信共三百通，恰如王氏致罗振玉书信中所说："两人书中虽有他事，而言学问者约居其半，中国恐无第三人。"王国维《重辑仓颉篇》卷上释"友"云："同门曰朋，同志曰友。"真正的朋友是有相同的志向、相同的兴趣、相同的性情、相同的追求的人。朋友之间的"知"，源于内心。

所谓知己

（《水经注》原文）山之西南有吕仲悌墓。

（王国维注文）《晋阳秋》曰：吕安字仲悌，东平人。志量开旷，有拔俗风气。与嵇康为友，每一相思，千里命驾。（《水经注校注》卷上）

（《水经注》原文）东南有范巨卿冢，石柱犹存。巨卿名式，山阳之金乡人，汉荆州刺史，与汝南张劭、长沙陈平子石交，号为死友矣。

（王国维注文）《后汉书》：张劭字元伯，与范氏巨卿为友。元伯卒，式忽梦见呼巨卿曰：吾以某日死，当以某时葬，子未我忘，岂能相及？式怳然觉悟，驰往赴之，则元伯之柩已至圹，而柩不能进。式乃号哭，执引而前。（《水经注校注》卷上）

（《水经注》原文）县南有二碑，碑字紊灭，不可复识，云是左桃伯碑。

（王国维注文）《列士传》云：羊角哀、左伯桃相与为死友，欲仕于楚，山阻遇雪，饥寒无计，伯桃推衣粮于角哀，入树中而死。楚平王贤角哀，而嘉伯桃之义，以公卿礼葬之。（《水经注校注》卷下）

《论语·季氏》："益者三友，损者三友。友直，友谅，友多闻，益矣。友便辟，友善柔，友便佞，损矣。"朋友有好有坏，既有酒肉朋友，也有生死之交。吕仲悌千里命驾，张元伯托梦于友，左伯桃为友舍生，皆益友、良友、死友。人生得三朋四友，可以把酒言欢，可以共赏云开雾霁，足矣！

第四章

自然与艺术

人开启三道门，心门、家门、社会之门，展开一段漫长而艰辛的旅程。恰如田纳西·威廉斯《欲望号街车》中的台词："穿越尘世，我们必须凭借陌生人的慈悲。"然而，我们往往吝啬自己的慈悲，除非别人先投给我们橄榄枝。于是，人生成为了一场并不安全的旅程，在这旅程中，我们都希望得到最终的解脱。谁能够提供救赎？答案是自然和艺术。

我们生来就是自然的孩子，人与天地、草木、山河、牲畜本来就应和睦相处。自然如母亲般抚育我们，而艺术是对自然的模仿。按柏拉图的观点，艺术模仿的是理念，而理念来自于神灵的世界，是信仰、慈悲、爱、和谐、德行；按亚里士多德的观点，艺术模仿的是现实，而理想的现实，恰若中国古人的观念，是对天地日月星辰的模范。最终，我们出生于自然，又回归于自然。人寻到了解脱的道路，于是，终于不再害怕旅程，不再害怕做梦，无论是在卧室里、旅途上，还是在自然的怀抱中。

美的救赎

兹有一物焉，使吾人超然于利害之外，而忘物与我之关系。此时也，吾人之心无希望，无恐怖，非复欲之我，而但知之我也。此犹积阴弥月，而旭日杲杲也；犹覆舟大海之中，浮沉上下，而飘着于故乡海岸也；犹阵云惨淡，而插翅之天使，赍平和之福音而来者也；犹鱼之脱于罾网，鸟之自樊笼出而游于山林江海也。然物之能使吾人超然于利害之外者，必其物之于吾人无利害之关系而后可。易言以明之，必其物非实物而后可。然则，非美术何足以当之乎？夫自然界之物，无不与吾人有利害之关系，纵非直接，亦必间接相关系者也。苟吾人而能忘物与我之关系而观物，则夫自然界之山明水媚，鸟飞花落，固无往而非华胥之国、极乐之土也。岂独自然界而已？人类之言语动作，悲欢啼笑，孰非美之对象乎？然此物既与吾人有利害之关系，而吾人欲强离其关系而观之，自非天才，岂易及此？于是天才者出，以其所观于自然人生中者复现之于美术中，而使中智以下之人，亦因其物之与己无关系，而超然于利害之外。是故观物无方，因人而变。濠上之鱼，庄、惠之所乐也，而渔父袭之以网罟；舞雩之木，孔、曾之所憩也，而樵者继之以斤斧。若物非有形，心无所住，则虽殉财之夫，贵私之子，宁有对曹霸、韩干之马而计驰骋之乐，见毕宏、韦偃之松，而思栋梁之用，求好逑于雅典之偶，思税驾于金字之塔者哉？故美术之为物，欲者不观，观者不欲。而艺术之美所以优于自然之美者，全存于使人易忘物我之关系也。（《〈红楼梦〉评论》）

艺术、自然、生活，凡使心与物脱利害之关系，达物我两忘之境界，即是美。人心久陷世俗，常生困倦。“久在樊笼里，复得返自然”（晋陶渊明《归园田居》），人心需要拯救，美为救赎之一端。

河里有多少只船?

人有生矣，则不能无欲；有欲矣，则不能无求；有求矣，不能无生得失。得则淫，失则戚，此人人之所同也。世之所谓道德者，有不为此嗜欲之羽翼者乎？所谓聪明者，有不为嗜欲之耳目乎？避苦而就乐，喜得而恶丧，怯让而勇争，此又人人之所同也。于是，内之发于人心也，则为苦痛；外之见于社会也，则为罪恶。然世终无可以除此利害之念，而泯人己之别者欤？将社会之罪恶，固不可以稍减，而人心之苦痛，遂长此终古欤？曰：有，所谓美者是也。

美之为物，不关于吾人之利害者也，吾人观美时，亦不知有一己之利害。……然吾人一旦因它故而脱此嗜欲之网，则吾人之知识则不为嗜欲之奴隶，于是得所谓“无欲之我”。无欲，故无空乏，无希望，无恐怖，其视外物也，不以为与我有利害之关系，而但视为纯粹之外物，此“境界”唯观美时有之。（《孔子之美育主义》）

此时之境界，无希望，无恐怖，无内界之争斗，无利无害，无人无我，不随绳墨，而自合于道德之法则。一人如此，则优入圣域；社会如此，则称华胥之国。（《孔子之美育主义》）

乾隆下江南，过江苏镇江金山寺，临江而望，船来船往，便问身边的老和尚河里有多少只船。老和尚说，两只而已，一只为名，一只为利。这恰如司马迁《史记·货殖列传》中所说："天下熙熙，皆为利来；天下攘攘，皆为利往。"欲望、利害，吾人内心之船，穿梭往来，使吾人内心纷争不断。唯美育者，能息内外之争。苏轼《临江仙·夜饮东坡醒复醉》云："小舟从此逝，江海寄余生。"凡息内外纷争处，即是江海，即是人间至福地。

美是一种宗教

> 美术者，上流社会之宗教也。……感情上之疾病，非以感情治之不可，必使其闲暇之时心有所寄，而后能得以自遣。夫人之心力，不寄于此则寄于彼，不寄于高尚之嗜好，则卑劣之嗜好所不能免矣。而雕刻、绘画、音乐、文学等，彼等果有解之之能力，则所以慰藉彼者，世固无以过之。（《去毒篇——鸦片烟之根本治疗法及将来教育上之注意》）

人生需要寄托，或寄情于山水，或寄情于事业，或寄情于家庭，或寄情于艺术。“不寄于高尚之嗜好，则卑劣之嗜好所不能免矣”，故人生要寄托于美好的事物。

哲人王的快乐

故非旷世之豪杰，鲜有不为一时之势力所诱惑者矣。虽然，无亦其对哲学、美术之趣味有未深，而于其价值有未自觉者乎？今夫人积年月之研究，而一旦豁然悟宇宙人生之真理，或以胸中惝恍不可捉摸之意境，一旦表诸文字、绘画、雕刻之上，此固彼天赋之能力之发展，而此时之快乐，决非南面王之所能易者也。且此宇宙人生而尚如故，则其所发明所表示之宇宙人生之真理之势力与价值必仍如故。（《论哲学家与美学家之天赋》）

哲学与美术，通达宇宙人生永恒之真理，一旦得其三昧，则非世俗之乐可以比拟，此之谓“游于艺”（《论语·述而》）。

康德说：人是目的

又观近数年之文学，亦不重文学自己之价值，而唯视为政治教育之手段，与哲学无异。如此者，其亵渎哲学与文学之神圣之罪固不可逭，欲求其学说之有价值，安可得也！

故欲学术之发达，必视学术为目的，而不视为手段而后可。汗德《伦理学》之格言曰："当视人人为一目的，不可视为手段。"岂特人之对人当如是而已乎，对学术亦何独不然！然则彼等言政治则言政治已耳，而必欲渎哲学文学之神圣，此则大不可解者也。（《论近年之学术界》）

天下有最神圣、最尊贵而无与于当世之用者，哲学与美术是已。天下之人嚣然谓之曰无用，无损于哲学美术之价值也。至为此学者自忘其神圣之位置，而求以合当世之用，于是二者之价值失。（《论哲学家与美学家之天赋》）

文学，探求人性；哲学，探求真理。以文学与哲学为达致功利目的之手段，是对人性与真理的戕害。文学虽于世无其物质上的实用价值，然文学澡雪精神、陶冶性灵，正以无用为其大用。文学、哲学，当然还有艺术，皆关怀人之情感与性灵，可谓皆以自身为目的。以无用为用，即是其最本质的价值。

薪尽火传

《魏志·高堂隆传》：景初中，帝以苏林、秦静等并老，恐无能传业者。乃诏曰："昔先圣既没，而其遗言余教著于六艺。六艺之文，礼又为急，弗可斯须离者也。末俗背本，所由来久。故闵子讥原伯之不学，荀卿丑秦世之坑儒。儒学既废，则风化曷由兴哉？方今宿生巨儒，并行年高，教训之道，孰为其继？昔伏生将老，汉文帝嗣以晁错；《谷梁》寡畴，宣帝承以十郎。其科郎吏高才解经义者三十人，从光禄勋隆、散骑常侍林、博士静，分受四经三礼。"（《汉魏博士题名考》）

著名学者梅贻琦 1931 年就任清华大学校长时，提出了"大师论"，影响了几代学人。大师论，即"所谓大学者，非谓有大楼之谓也，有大师之谓也"。学问，薪尽火传，代代传承。"薪"者，学人也，故有"春蚕""蜡烛"之喻。故学问之传承，即学人之传承。当世学人亦该有此见识与担当。

如何不朽

夫古之有德行、政事、学问、文章者，固不藉金石、翰墨以为重。苟非其人，则其金石、翰墨虽存，仅足为学者考古之资，其流传之途固已隘，而其入于人心者固已浅矣。若是者，世固亦听其存亡，而反乐取夫德行、政事、学问、文章其力自足以传后者之金石、翰墨而宝之。何者？彼之志节、度量固与世绝殊，故其发于金石、翰墨者，不因其人亦足以自存于天壤，况其德行、政事、学问、文章又足以垂世而行远也。（《墨妙亭记》）

金石固为不朽之象征，而立德立功立言之深植与流布于人心，才是不朽的事业。

人书相得

《隐逸传》，明钱穀编。

叶缘裻手跋：钱叔宝……闻有异书，虽病必强起，扶服请观。（《传书堂藏善本书志》卷上）

《松窗百说》一卷（钞本）

鲍渌饮手跋：嘉庆辛酉重阳前二日，风雨闭门，再阅一过，时年七十四。（《传书堂藏善本书志》卷上）

《绛云楼书目》二卷（校钞本）

吴枚庵手跋：此册为张子白华所藏，予尝借阅。……张子疑予有藏匿不返之意，索取甚急，几至面赤不顾。因录置别本，亟以此册还之。张子博雅多闻，独于书斤斤护惜，古人所谓读书种子习气未除，然即此知张子能谨守勿替者。（《传书堂藏善本书志》卷上）

《古今合璧事类备要前集》

书中有藏家木记云："予性本爱书，一书未有，必罄囊市之，窘于□志未伸，群书无由悉备，凡所有者不过薄于自奉以致之耳。间有先世所遗，十不一二。凡我子孙宜珍惜宝爱，以承厥志。苟不思得之之难，轻视泛借，以致狼藉散失，不孝之罪莫大焉。至于借匿阴盗之徒，又不仁不义之甚者矣。予故著之简端，使借者、守者惕然知警云。”（《传书堂藏善本书志》卷下）

清张潮《幽梦影》云：“少年读书，如隙中窥月；中年读书，如庭中望月；老年读书，如台上玩月。”观异书于病中；风雨闭门，读书自乐；惜书如宝，斤斤相护，皆人与书之间的缘分。人与书，相得相知，亦人生之乐。

阅书思人，不觉黯然

《金石文随录》四册不分卷（钞本），明叶树廉撰。《自序》：崇祯己卯岁，余年二十有一。初冬，同冯已苍及从兄林宗游西洞庭，寓于包山之天王殿。见大小石幢各一于荒庭蔓草中，皆唐人书。摩抚互读，日隐乃止。……因相约共集其成，以为读书之一助。归而已苍及定远先生出所藏录之，以为权舆焉。后至苏州访赵灵均，尽许所有传录。而赵未几死，宗人羽遐亦出数篇，且约续访，以致至云。林宗二侄祖德、祖仁亦好斯录，每属雠写之任。乙酉鼎革之时，羽遐以节死。辛卯，已苍遭王龙标之祸，□死而非其罪。癸巳，祖德病色死。戊戌，祖仁以继母故，不容于父，抑郁而死。乙巳，林宗因一媳一孙之不肖，愧怒而死。定远多读古，善诗能书，穷且老，不谐于世，癸亥冬死。……已□□春，将有远行，封置书籍，阅此书。屈指三十年间，人事变迁，死亡殆尽，所存一我，不觉黯然。（《传书堂藏善本书志》卷上）

《梁江文通文集》十卷

叶石君手跋：冯遭酷令所诛，书籍尽散，今见其书，如见古人，不声怅叹云。（《传书堂藏善本书志》卷下）

阅书思人，“屈指三十年间，人世变迁，死亡殆尽，所存一我，不觉黯然”。一书之成，集众人心力。阅书，仿若诸友从书中缓步而来，人生众相，世事变迁，常使人不胜唏嘘。

思之思之，鬼神通之

《编年通载》四卷

黄尧圃手跋：余性喜读未见书，故以之名其斋。自后所见，往往得未曾有，始信天之于人，必有以报之也。古人云“思之思之，鬼神通之”，余之于书，盖造斯境界与。（《传书堂藏善本书志》卷上）

人喜读书，于书肆、友朋间，常常能够寻觅到未曾见、未曾有之书，亦人生一大快事。“思之思之，鬼神通之”，我们每一次默默的努力，每一次辛勤的付出，都会在某一时刻得到回报。“天之于人，必有以报之”，努力，而后等待着幸福降临的那一刻，这才是人生于世该有的态度。

有心用心，妙手偶得

《东观余论》二卷

胡心耘手跋：余弱冠时，有陈竹安丈以项氏万卷堂本赠余，书甚奇秘，惜非完帙，受而束诸高阁者十数年矣。今秋自都门归，检理旧箧，是书犹在，终以残帙藐之。无何，观书善长巷毛氏，见此完本，向为叔美先生所藏，亟询其直，索价颇廉，仅以青蚨三贯易之。归取箧中旧本意义互校，纤毫无异。旧本书后钞《跋》数页，谨查《四库提要》，知其跋固在不可少之列，遂移入此册，以成完璧。因思天下事何奇不有，十余年前阙憾之书，孰知留以待今日之大快乎。而今而后，虽有残阙之书，总当宝而藏之。（《传书堂藏善本书志》卷上）

青蚨，虫名，以喻金钱。“天下事何奇不有，十余年前阙憾之书，孰知留以待今日之大快乎”，十年之间，寻书不断，续补残篇，内心有持恒之志也。事物常有迟缓，于外权且放过，于内则持之以恒。努力若此，则彼时的遗憾，终有一日将臻于圆满。

古之学者为己，今之学者为人

夫然，故今之学者，其治艺者多而治学者少，即号称治学者，其能知学与艺之区别而不视学为艺者又几人矣？故其学苟可以得利禄、苟可以致用，则遂嚣然自足，或以筌蹄视之。彼等于学问，固无固有之兴味，则其中道而至，固不足怪也。（《教育小言十则》）

同此宇宙，同此人生，而其观宇宙人生也，则各不同。以其不同之故，而遂生彼此之见，此大不然者也。学术之所争，只有是非、真伪之别耳。于是非、真伪之别外，而以国家、人种、宗教之见杂之，则以学术为一手段，而非以为一目的也。（《论近年之学术界》）

《庄子·外物》云：“筌者所以在鱼，得鱼而忘筌；蹄者所以在兔，得兔而忘蹄。”筌、蹄即是捕鱼猎兔的工具。若以治学为工具，以追求为手段，以真理为口号，轻则误身，重则误国，不可不察。此亦所谓“古之学者为己，今之学者为人”。

又岂在朝朝暮暮

苕华其黄，瞻乌靡止。世之号为才智者，皆颛颛焉为朝夕之计，苟可以博一晌之名高厚利者，虽祸其身，若其子孙、若天下后世，而无所顾藉；其谨愿者，则率为原伯之苟、赵孟之偷，其于身家之利害犹如此，况于身外之物、不急之务，其肯糜岁月、敝精神以为之也哉！（《乐庵写书图序》）

“原伯之苟，赵孟之偷”，事皆见《左传》。原伯，春秋时原国国君，不爱学习。其臣子劝他说，学习有利于国家的发展，因为现在国家没有受到危害就不学习，是苟且之为；赵孟，晋国人，看到别人奋发有为、积极做事，便常常叹息人生短暂，很多规划的事情是很难做到的，被时人讥为偷安。二人皆不肯学，在于不懂“一时”与“一世”之别。学习不为一时，而为一世；亦不为一时之利，而为一世之利。

平凡的日子，正可以成就伟大

汝在海关既无甚事，无论中学与西学可以自择一门习之。每日读书亦不在多，苟能日以一二小时习一事，积久成绩自有可观。此事一面可以修养身心，若遇有用时亦可以为治生之助。若自己怠忽，则数年以后诚如汝禀所云，只能记住阿剌伯数及地名、船名等，则于自己亦甚危险也。（《致王潜明》）

与其空度岁月，看时光闲过，何如择一志向、爱好、技艺，持之以恒，以小有所成？这样既陶冶了情操，又增长了知识，还多了种谋生的技能，何乐而不为？须知，平凡的日子，正可以成就伟大。

学者如牛毛，成者如麟角

《春秋左氏传括例始末句解纲目》

旧为果邸藏书，全书用朱、墨二笔圈点，《纲目》后有果邸手书曰："议论好，红连圈；其次，红单圈；述典礼，红尖圈；叙情生动及句法摇曳处，红连点；当看者，红单点。"又曰："叙事有法者，黑连点；有神采者，黑连圈；通篇章法，黑连圈；料其事源委者，黑尖圈。"此为其圈点范例。（《传书堂藏善本书志》卷上）

予爰始操翰，讫于观成，或一日而辨数文，或数夕而通半义，譬如冥行长夜，乍睹晨曦，既得微行，又蹈荆棘。积思若痗，雷霆不闻，操觚在手，寝馈或废，以兹下学之资，勉几上达之业。（《二牖轩随录》）

然吾人亦非谓今之学者绝不悦学也，即有悦之者，亦无坚忍之志、永久之注意。若是者，其为口耳之学则可矣，若夫绵密之科学、深邃之哲学、伟大之文学，则固

非此等学者能有事也。（《教育小言十则》）

为学不易，凡成大事者，皆须耐得寂寞，不畏艰苦。为学须勤、须持，又须“悦学”之志，缺一不可。“学者如牛毛，成者如麟角”（《阅古漫录》），诚如是。

独立思考

《韩文》四十卷、《韩文外集》十卷、《传》一卷、《遗文》一卷、《柳文》四十三卷、《别集》二卷、《外集》二卷、《附录》一卷（校明刊本）

叶石君手跋：昌黎、柳州文集各五本，幼时用朱笔随人圈点，不知命意所在、立言所自，何异盲童辨朱紫，聋叟论钟虡，不得其真，妄求影似，可慨也夫。已亥之夏，暑窗炎簟之间，独居无俚，因检二集，不觉失笑，附笔于后，以戒少年读书，务使深思好学，必求古人之隐微，不可以古人之名章奥旨，妄逞鄙琐之胸臆，而为人所笑也。呜呼，自笑且不可，况于人乎？学者戒之。（《传书堂藏善本书志》卷下）

今不解其思想而但玩其文辞，则其文学上之价值已失其大半。（《奏定经学科大学文学章程书后》）

且人苟过用其诵读之能力，则直观之能力必因之而衰弱，而自然之光明反为书籍之光所掩蔽。且注入他人之思想，必压倒自己之思想，久之，他人之思想遂寄生于自己之精神中，而不能自思一物。故不断之诵读，其有害于精神也必矣。况精神之为物，非奴隶。必其所欲为者乃能有成。若强以所不欲学之事，或已疲而犹用之，则损人之脑髓，与在月光中读书，其有损于人之眼无异也。（《叔本华之哲学及其教育学说》）

人要有自我的知识。自我的知识，即自我之志向、主见、规则、方式、性情、气质等。不加选择地注入他人的思想，对于怯懦而不成熟的心灵来说，是一种戕害，是一种灵魂的奴隶状态。人生天地间，先立乎其大，其大者，心灵之磐石。主宰自我灵魂者，自我之主人。

人可以思索天空，却必须脚踏大地

若直观之知识乃最确实之知识，而概念者仅为知识之记忆、传达之用，不能由此而得新知识。真正之新知识，必不可不由直观之知识，即经验之知识中得之。（《叔本华之哲学及其教育学说》）

真正之知识，唯存于直观，即思索（比较概念之作用）时，亦不得不藉想象之助。故抽象之思索，而无直观为之根柢者，如空中楼阁，终非实在之物也。即文字与语言，其究竟之宗旨，在使读者反于作者所得之具体的知识；苟无此宗旨，则其著述不足贵也。故观察实物与诵读，其间之差别不可以道里计。一切真理唯存于具体的物中，与黄金之唯存于矿石中无异，其难只在搜寻之。书籍则不然，吾人即于此得真理，亦不过其小影耳，况又不能得哉！故书籍之不能代经验，犹博学之不能代天才，其根本存于抽象的知识，不能取具体的知识而代之也。书籍上之知识，抽象的知识也，死也；经验的知识，具体的知识也，则常有生气。人苟乏经验之知识，

则虽富书籍上之知识，犹一银行而出十倍其金钱之钞票，亦终必倒闭而已矣。（《叔本华之哲学及其教育学说》）

人可以思索天空，却必须脚踏大地。从生活中得经验，从文本中得感受，从实践中辨道理，从自然中寻方法。

贪多嚼不烂

夫吾人之所食，非尽变为吾人之血肉；其变为血肉者，必其所能消化者也。苟所食而过于其所能消化之分量，则岂徒无益，而反以害之。吾人之读书，岂有以异于此乎？额拉吉来图曰：“博学非知识。”此之谓也。故学问之为物如重甲胄然，勇者得之，固益有不可御之势，而施之于弱者，则亦倒于地而已矣。（《叔本华之哲学及其教育学说》）

学问、能力皆与人之才干相匹配。读书、做事，皆不可贪多，要量力而行，要在能力之内成就你自己。

不学无术

然自他面言之，则一切艺术悉由一切学问出。古人所谓“不学无术”，非虚语也。夫天下之事物，非由全不足以知曲，非致曲不足以知全。虽一物之解释，一事之决断，非深知宇宙人生之真相者，不能为也。而欲知宇宙、人生者，虽宇宙中之一现象，历史上之一事实，亦未始无所贡献。故深湛幽渺之思，学者有所不避焉；迂远繁琐之讥，学者有所不辞焉。（《国学丛刊序》）

所有的道理其实都是相互关联的，其背后自有其内在统一的体系。不了解普遍性，也就无以应对特殊性。

胸襟决定文章的高度，亦决定人生的高度

东坡之词旷，稼轩之词豪。无二人之胸襟而学其词，犹东施之效捧心也。（《人间词话》）

稼轩《贺新郎》词“送茂嘉十二弟”，章法绝妙，且语语有境界，此能品而几于神者。然非有意为之，故后人不能学也。（《人间词话》）

近人词如复堂词之深婉，彊村词之隐秀，皆在吾家半塘翁上。彊村学梦窗，而情味较梦窗反胜，盖有临川、庐陵之高华，而济以白石之疏越者。学人之词，斯为极则。然古人自然神妙处，尚未梦见。（《人间词话》）

法国博物学家布丰在其演讲《风格论》中提出了著名的“风格即人”的观点，对后世影响极大。风格即人，学人文、学人诗，先学其人胸襟、品性，否则，画虎虽有虎之形貌，而无虎之神髓。南宋陆游《文章》云：“文章本天成，妙手偶得之。”学人有学到、学不

到处。学到处，他山之石，可以攻玉；学不到处，自创境界，自立高格。《荀子·劝学》云：“青，取之于蓝，而青于蓝。”若想超越，亦需在胸襟上下功夫。胸襟决定文章的高度，亦决定人生的高度。

文如其人

无高尚伟大之人格而有高尚伟大之文学者，殆未之有也。（《文学小言》）

周介存谓：“梅溪词中，喜用‘偷’字，足以定其品格。”刘融斋谓：“周旨荡而史意贪。”此二语令人解颐。（《人间词话》）

人能于诗词中不为美刺、投赠之篇，不使隶事之句，不用粉饰之字，则于此道已过半矣。（《人间词话》）

人的品格，会通过言行举止、字迹文风等呈现出来，或隐或显而已。故文品犹人品，文如其人，观文知人。反过来说，想要作篇好文章，恐怕还得先花点时间修炼做人。

一切从心开始

“纷吾既有此内美兮，又重之以修能。”文学之事，于此二者不可缺一。然词乃抒情之作，故尤重内美。无内美而但有修能，则白石耳。（《人间词话》）

形貌发于人心，是人内心的镜像。内心美，则言谈举止美，付诸形貌，则或俊朗，或婉约，或清秀，或豪爽。一切从心开始！

纯真是一种境界

词以境界为最上。有境界则自成高格，自有名句。（《人间词话》）

境非独谓景物也。喜怒哀乐，亦人心中之一境界。故能写真景物、真情感者，谓之有境界，否则谓之无境界。（《人间词话》）

人以本真活着，不伪饰，不造作，但以纯真示人，但以纯善行事，未尝不是一种简朴而有效的生活方式。卡夫卡在《十一个儿子》中写道："单纯在这个世界上最容易穿过暴风骤雨。"活出自我之本真，既是单纯地活着，亦是人生之境界。涵养内心之境界，即涵养良善之人生。

境有大小，界无优劣

境界有大小，不以是而分优劣。“细雨鱼儿出，微风燕子斜”，何遽不若“落日照大旗，马鸣风萧萧”，“宝帘闲挂小银钩”，何遽不若“雾失楼台，月迷津渡”也。（《人间词话》）

才有高下，气有清浊，境界亦有大小。鸿鹄之志，谓之大；燕雀之志，谓之小。境界有大小，却无优劣。燕雀无振翮之能而有冲天之志者，才不及志也；鸿鹄有振翮之能而无冲天之志，志不及才也。才志匹配，方为合度。

贵耳贱目

《韩文》四十卷、《韩文外集》十卷、《传》一卷、《遗文》一卷、《柳文》四十三卷、《别集》二卷、《外集》二卷、《附录》一卷（校明刊本）

叶石君手跋：盖程、朱深心（殆“信”之讹）力行，各有所得，而于书亦无不窥，后人顶戴程、朱，弃书不观，而辩驳为甚，于是文章之道，一望榛莽，而最后之人又顶戴于顶戴程、朱者，并程、朱之所谓道学亦失之矣。唯日取古先知文章而批抹之，即宣圣之六经有不能免者，其中藏为何如耶？而更有下焉者，语之以经则不知，语之以史则又不知，语之以子与集，则狂骇而走，又何为者耶？乌呼，宜乎为斯文遂丧，为宣圣千万年之悲也。……予因少时之妄为雌黄为可戒，故连书与末。乌呼，后之人废书不观者，当于此省之。（《传书堂藏善本书志》卷下）

《韩文》四十卷、《韩文外集》十卷、《传》一卷、《遗文》一卷、《柳文》四十三卷、《别集》二卷、

《外集》二卷、《附录》一卷（校明刊本）

叶石君手跋：昌黎公倡古学于元和之间，其时李习之、皇甫持正有同志焉，今二公之文杳无所之者，何世人之贵耳而贱目也。且昌黎志铭多出于东京碑刻，世人又目为先秦之体，人之不自学，止藉一二传闻以为信，有如是耶！（《传书堂藏善本书志》卷下）

自竹垞痛贬《草堂诗余》而推《绝妙好词》，后人群附和之。不知《草堂》虽有亵诨之作，然佳词恒得十之六七。《绝妙好词》则除张、范、辛、刘诸家外，十之八九皆极无聊赖之词。甚矣，人之贵耳贱目者之多也！（《人间词话》）

不学无术而又贵耳贱目，只好道听途说、拾人牙慧，离真知便越来越远。所谓读书明理，读书只有追本溯源、浸润文本，方才有所正见。

人与画同

竹之为物，草木中之有特操者欤？群居而不倚，虚中而多节，可折而不可曲，凌寒暑而不渝其色。至于烟晨雨夕，枝梢空而叶成滴，含风弄月，形态百变。自渭川淇澳千亩之园，以至小庭幽榭三竿两竿，皆使人观之，其胸廓然而高，渊然而深，泠然而清，挹之而无穷，玩之而不可亵也。其超世之致与不可屈之节，与君子为近，是以君子取焉。

古之君子，其为道也盖不同，而其所以同者，则在超世之致与不可屈之节而已。其观物也，见夫类是者而乐焉；其创物也，达夫如是者而后慊焉。如屈子之于香草，渊明之于菊，王子猷之于竹，玩赏之不足而咏叹之，咏叹之不足而斯物遂若为斯人之所专有。是岂徒有托而然哉！其于此数者，必有以相契于意言之表也。善画竹者亦然。彼独有见于其原，而直以其胸中潇洒之致、劲直之气一寄之于画，其所写者即其所观，其所观者，即其所畜者也。物我无间而道艺为一，与天冥合而不知其所以然。故古之工画竹者，亦高致直节之士为多，如宋之文与可、苏子瞻，元之吴仲圭。是已观爱竹者之胸，可以知画竹者之胸；知画竹者之胸，则爱画竹者之胸亦可知也已。（《此君轩记》）

竹有节，人亦有节，方可“物我无间而道艺为一，与天冥合而不知其所以然”。画师，非画身外之竹，乃摹写胸中之竹。物我合一，俱有高洁之志，方成佳作。

画与人同

夫绘画之可贵者，非以其所绘之物也，必有我焉以寄于物之中。故自其外而观之，则山水、云树、竹石、花草，无往而非物也：自其内而观之，则子久也，仲圭也，元镇也，叔明也。吾见之于墙而闻其謦欬矣。且子久不能为仲圭，仲圭不能为元镇，元镇、叔明不能为子久、仲圭，则以子久之我非仲圭之我，而仲圭、元镇、叔明三人者，亦各自有其我故也。画之高下，视其我之高下；一人之画之高下，又视其一时之我之高下。……所谓真我者，得之于天，不以境遇易。（《二田画庼记》）

子久、仲圭、元镇、叔明，皆画之国手，世之名家。然其绘画，各不相同。绘画，性情真我之表现。人生于世，万物皆着我之色彩，人之高下，即万物之高下。

理想与现实

自然中之物，互相关系，互相限制。然其写之于文学及美术中也，必遗其关系、限制之处。故虽写实家，亦理想家也。又虽如何虚构之境，其材料必求之于自然，而其构造，亦必从自然之法则。故虽理想家，亦写实家也。（《人间词话》）

诗人对自然人生，须入乎其内，又须出乎其外。入乎其内，故能写之。出乎其外，故能观之。入乎其内，故有生气。出乎其外，故有高致。（《人间词话》）

理想与现实，犹如文学与自然，既互相攻伐，又相辅相成。生活是一席华丽的飨宴，这是理想；而当盛筵散去，人必须接受杯盘狼藉的景象，这是现实。英国诗人西格里夫·萨松说："心有猛虎，细嗅蔷薇。"有人于其后续补两句："盛筵之后，泪流满面。"此亦人生理想与现实之写照。

自然和人生

诗人必有轻视外物之意，故能以奴仆命风月。又必有重视外物之意，故能与花鸟同忧乐。（《人间词话》）

人不役于物，亦不役物，方能与自然、风月、花鸟相谐和、同忧乐。

出门俱是看花人

山谷云："天下清景，不择贤愚而与之，然吾特疑端为我辈设。"诚哉是言。抑岂独清景而已，一切境界，无不为诗人设。世无诗人，即无此种境界。夫境界之呈于吾心而见于外物者，皆须臾之物。唯诗人能以此须臾之物，镌诸不朽之文字，使读者自得之。遂觉诗人之言，字字为我心中所欲言，而又非我之所能自言，此大诗人之秘妙也。（《清真先生遗事》）

唐杨巨源《城东早春》云："诗家清景在新春，绿柳才黄半未匀。若待上林花似锦，出门俱是看花人。"看花之人，若不以"境界之呈于吾心而见于外物"，则亦不为诗人。唐王驾《雨晴》云："雨前初见花间蕊，雨后全无叶底花。蜂蝶纷纷过墙去，却疑春色在邻家。"春色即使在邻家，邻家亦难为诗人。景色入人心胸而镌诸文字，诗人之能也。

只愁没个闲人领

端居多暇日，自与尘世疏。处处得幽赏，时时读异书。高吟惊户牖，清淡霏琼琚。有时作儿戏，距跃绕庭除。角力不耻北，说隐自忘愚。虽惭云中鹤，终胜辕下驹。如此胡不乐，问君意何如？（《端居》）

京师厌尘土，终日常掩关。西山朝暮见，五载未一攀。（《昔游》）

潋滟金波，又幂青松顶。何处江南无此景，只愁没个闲人领。（《蝶恋花》）

日常生活中蕴涵着丰富的美。读书、观景、儿戏、角力，我们乐在其中。然而，更多的时候，我们却策马奔腾，把美远远地抛在身后。“西山朝暮见，五载未一攀”，“何处江南无此景，只愁没个闲人领”，当我们被生活追得无路可逃的时候，是否可以在人生的某个拐角停下来，放松脚步，任时光漫过身体，揭示那无人认领的秘奥？

菰菜、莼羹、鲈鱼脍

【落梅风】天教富，不待奢。无多时好天良夜。看钱奴，硬将心似铁，空辜负锦堂风月。（《二牖轩随录》）

【离亭宴煞】蛩吟一枕才宁帖，鸡鸣万事无休歇，争名利，何年是彻！密匝匝蚁排兵，乱纷纷蜂酿蜜，闹穰穰蝇争血。裴公绿野堂，陶令白莲社，爱秋来那些？和露摘黄花，带霜烹紫蟹，煮酒烧红叶。人生有限怀，几个登高节？嘱咐与顽童记者，便北海探吾来，道东篱醉了也。（《二牖轩随录》）

《晋书·张翰传》载："翰因见秋风起，乃思吴中菰菜、莼羹、鲈鱼脍，曰：'人生贵适志，何能羁宦数千里，以邀名爵乎？'遂命驾而归。"

张翰洛阳为官，见秋风起，想起故乡鲈鱼正肥，于是辞官返乡。名利、官位，不抵"菰菜、莼羹、鲈鱼脍"。也许，这也是人生的一种活法。

自然疏狂，人生豪放

晨翻书帙鸟无哗，晚步郊原草正芽。院落春深新著燕，
池塘雨过乱鸣蛙。心闲差许观身世，病起初能玩物华。
但使猖狂过百岁，不嫌孤负此生涯。（《暮春》）

兴来随意步南阡，夹道垂杨相带妍。万木沉酣新雨后，
百昌苏醒晓风前。四时可爱唯春日，一事能狂便少年。
（《晓步》）

小斋竟日兀营营，忽试霜蹄四马轻。萤火时从风里堕，
雉垣偏向电边明。静中观我原无碍，忙里哦诗却易成。
归路不妨冒雷雨，兹游快绝冠平生。（《五月二十三夜
出阊门驱车至觅渡桥》）

朝朝吴市踏红尘，日日萧斋兀欠伸。到眼名园初属我，
出城山色便迎人。奇峰颇欲作人立，乔木居然阅世新。
忍放良辰等闲过，不辞归路雨沾巾。（《九日游留园》）

人生，于自然之中，需要一段豪放的时光。“但使猖狂过百岁”“一事能狂便少年”“归路不妨冒雷雨，兹游快绝冠平生”“忍放良辰等闲过，不辞归路雨沾巾”，恰若苏轼《定风波·三月七日》所云：“莫听穿林打叶声，何妨吟啸且徐行。竹杖芒鞋轻胜马，谁怕？一蓑烟雨任平生。”皆道尽自然之疏狂，人生之豪放。

天欲人相爱相利

法不仁，不可以为法。故父母、学、君三者，莫可以为治法。然则奚以为治法而可？故曰莫若法天。天之行广而无私，其施厚而不德，其明久而不衰，故圣王法之。既以天为法，动作有为必度于天，天之所欲则为之，天所不欲则止。然而天何欲何恶者也？天必欲人之相爱相利，而不欲人之相恶相贼也。奚以知天之欲人之相爱相利，而不欲人之相恶相贼也？以其兼而爱之、兼而利之也。奚以知天兼而爱之、兼而利之也？以其兼而有之、兼而食之也。今天下无大小国，皆天之邑也。人无幼长贵贱，皆天之臣也。此以莫不犓羊、豢犬猪，洁为酒醴粢盛，以敬事天。此不为兼而有之、兼而食之邪？天苟兼而有食之，夫奚说以不欲人之相爱相利也！故曰爱人利人者，天必福之；恶人贼人者，天必祸之。曰杀不辜者，得不祥焉。夫奚说人为其相杀而天与祸乎！是以知天欲人相爱相利，而不欲人相恶相贼也。（《墨子·法仪》）（《墨子之学说》）

墨家兼爱，因为“天欲人相爱相利”且“天兼而爱之、兼而利之”，乃有阳光普照，甘霖普降。古人认为人生天地间，自当遵从所谓的天地秩序——人法地，地法天，天法道，道法自然。而无论时代如何进步，对自然的认识如何深入，人若与最基本的自然规律、普世价值背道而驰，终是不祥之兆。

动静之道

云若无心常淡淡，川如不竞岂潺潺。（《杂感》）

自然有动静之美。若山林，无风则静，一片肃穆，有苍穹笼罩四野之感；若巨河，缘雨而动，湍流澎湃，有百川齐聚大海之叹。天地动静垂范，晓谕世人。或任天而息争，或任地而互竞，皆为天地之道，亦为人之道。人生须张弛有度、动静有常！

住在云那边

四明山

案：《宝庆志》：四明山……周回八百里，二百八十峰，峰峰相次。上拟于莽苍，中顶五峰，状如莲花，疑近星斗。唐末有高士谢遗尘隐于是山之南雷，尝至吴中，谓陆龟蒙曰："吾山有峰最高，四穴在峰上。每天宇晴霁，望之如户牖，相传谓之石窗，故兹山名曰四明。山中有云，二十里不绝，民皆家云之南北，每往来谓之过云。有鹿亭，有樊榭，有潺湲洞。木实有青棂子，味极甘而坚不可卒破。有猿谓之鞠侯。"于是龟蒙与友人皮日休各赋诗九篇，传于世。（《乾隆浙江通志考异残稿》）

人与山河，亦一天地清景。"山中有云，二十里不绝，民皆家云之南北，每往来谓之过云"，此间景象，仙境乎，梦境乎？山河有大美，人不能言；唯亲近自然，亲近山河，方可得之。

人生如草木

《三朝北盟会编》三："女真人不知纪年，问之则曰'吾见几度青草'，以草木一青为一岁。"《建炎以来朝野杂记》："鞑靼不知岁月，以草青为一岁。"人有问其岁，则曰"几草矣"。亦尝问其彼生月日，笑而答曰："初不知之，亦不能记其春与秋也。每见月圆而为一月，见草青迟迟，方知是年有闰月也。"（《蒙鞑备录笺证》）

人生如草木，古人诚不欺也。草木之萌蘖、开花、结果，恰若人生的每一个历程。《圣经·约伯记》中说："人为妇人所生，日子短少，多有患难。出来如花，又被割下；飞去如影，不能存留……树若被砍下，还可指望发芽，嫩枝生长不息，其根虽然衰老在地里，干也死在土中；及至得了水气，还要发芽，又长枝条，像新栽的树一样。但人死亡而消灭，他气绝，竟在何处呢？"唐韩愈《晚春》云："草树知春不久归，百般红紫斗芳菲。"秋天落下的花，春天还会开放，冬天枯萎的枝干，来年还会长出新芽。然而，人生呢？

安息

金鹅山

《吴兴掌故》：在县西五里。汉述善侯沈戎葬其下，有金鹅飞集，三鸣而去，因名。

案：《太平寰宇记》：金鹅山在武康县东二十里。《山墟名》云：汉海昏侯沈戎葬于此。有池，深五尺，其水冬夏不竭。时吴帝见山上金鹅翔集，或风清雨霁，樵夫耕叟闻山上鹅鸣。（《乾隆浙江通志考异残稿》）

风清雨霁，金鹅翔集，长短和鸣。人葬于此，依山傍水，盖为生死之至乐。人生，寻一山清水秀、人禽谐和之境地，安息魂魄，殊为不易。

放生

有鸡雁三，七夕日，师游郭外，放之海子中，少焉，翔戏于风涛之间，容与自得。师赋诗曰："养尔存心欲荐庖，逢吾善念不为肴。扁舟送在鲸波裹，会待三秋长六稍。"又云："两两三三好弟兄，秋来羽翼未能成。放归碧海深沉处，浩荡波澜快野情。"翌日遂行。（《长春真人西游记校注》卷下）

飞鸟遨游，鱼鳖潜藏，皆得其自然之乐。上天有好生之德，意欲万物"相爱相利"，此亦"兼爱"题中应有之义。

人、雪、书

《元宪集》四十卷（校钞本）

孔荭谷手跋：乙未十一月十七日庚寅早起入朝，雪片如掌，散衙无事，归校是书，已盈二三寸矣。盖是岁之第四番雪也。卜来年之丰，何喜如之。（《传书堂藏善本书志》卷下）

人、雪、书，一幅天然谐和之图景。人临窗校书，窗外雪片散乱，不久，盈积三寸。校书睹雪，想起“瑞雪兆丰年”之俗语，料想明年之丰收，心中大喜。人生乐事、乐景、乐趣相合者不多，此为一例；人生、自然、艺术相契者不多，此亦为一例。斯为至真，斯为至美，斯为至善！